# À PAZ PERPÉTUA

As obras de Kant publicadas na Coleção Pensamento Humano estão sob a coordenação de:

Bruno Cunha, UFSJ
Diego Kosbiau Trevisan, UFSC
Robinson Santos, UFPEL

**Dados Internacionais de Catalogação na Publicação (CIP)**
**(Câmara Brasileira do Livro, SP, Brasil)**

Kant, Immanuel, 1724-1804
   À paz perpétua : um projeto filosófico / Immanuel Kant ; tradução, introdução e notas de Bruno Cunha. 2. ed. – Petrópolis, RJ : Vozes, 2024. – (Coleção Pensamento Humano)

   Título original: Zum ewigen Frieden – Ein philosophischer Entwurf
   ISBN 978-85-326-6327-6

   1. Ética 2. Filosofia política 3. Paz I. Cunha, Bruno. II. Título. III. Série.

19-30406                                              CDD-172.42

Índices para catálogo sistemático:
1. Paz : Ética : Filosofia    172.42

Maria Paula C. Riyuzo – Bibliotecária – CRB-8/7639

Immanuel Kant

# À PAZ PERPÉTUA

Um projeto filosófico

Tradução, introdução e notas de Bruno Cunha

Petrópolis

Tradução do original em alemão intitulado *Zum ewigen Frieden – Ein philosophischer Entwurf*, Königsberg 1795.

© desta tradução:
2020, Editora Vozes Ltda.
Rua Frei Luís, 100
25689-900 Petrópolis, RJ
www.vozes.com.br
Brasil

Todos os direitos reservados. Nenhuma parte desta obra poderá ser reproduzida ou transmitida por qualquer forma e/ou quaisquer meios (eletrônico ou mecânico, incluindo fotocópia e gravação) ou arquivada em qualquer sistema ou banco de dados sem permissão escrita da editora.

**CONSELHO EDITORIAL**

**Diretor**
Volney J. Berkenbrock

**Editores**
Aline dos Santos Carneiro
Edrian Josué Pasini
Marilac Loraine Oleniki
Welder Lancieri Marchini

**Conselheiros**
Elói Dionísio Piva
Francisco Morás
Gilberto Gonçalves Garcia
Ludovico Garmus
Teobaldo Heidemann

**Secretário executivo**
Leonardo A.R.T. dos Santos

**PRODUÇÃO EDITORIAL**

Aline L.R. de Barros
Marcelo Telles
Mirela de Oliveira
Otaviano M. Cunha
Rafael de Oliveira
Samuel Rezende
Vanessa Luz
Verônica M. Guedes

**Conselho de projetos editoriais**
Isabelle Theodora R.S. Martins
Luísa Ramos M. Lorenzi
Natália França
Priscilla A.F. Alves

*Editoração*: Leonardo A.R.T. dos Santos
*Diagramação*: Mania de criar
*Revisão*: Nilton Braz da Rocha
*Capa*: Editora Vozes

Nota do editor: Caro leitor, as notas sinalizadas no texto com astericos (*) foram escritas pelo autor, e as que se encontram em sequência numérica foram elaboradas pelo tradutor.

ISBN 978-85-326-6327-6

Este livro foi composto e impresso pela Editora Vozes Ltda.

# SUMÁRIO

*À paz perpétua*, 7
    Estudo introdutório

Primeira seção, 31
    que contém os artigos preliminares para a paz perpétua entre Estados

Segunda seção, 39
    que contém os artigos definitivos para a paz perpétua entre Estados

Suplemento primeiro, 55
    Da garantia da paz perpétua

Suplemento segundo, 65
    Artigo secreto para a paz perpétua

Apêndice I, 67
    Sobre a discordância entre moral e política no propósito da paz perpétua

Apêndice II, 81
    Sobre o consenso da política com a moral segundo o conceito transcendental do direito público

*Glossários*, 89

# À PAZ PERPÉTUA
## Estudo introdutório[1]

## 1 O contexto e o significado de *À paz perpétua*

Em 1795, a maneira sarcástica com a qual Kant inaugura um de seus textos mais influentes referindo-se ao letreiro de uma pousada holandesa sobre o qual está pintado um cemitério cujo lema é a "paz perpétua" diz muito sobre a situação em que se encontrava não só a relação dos países europeus daquele tempo, mas também, de modo geral, a dos povos na história da humanidade. Por isso não é de se surpreender que o opúsculo kantiano de sugestivo título, *À paz perpétua*, tenha se tornado tão rapidamente popular e influente. A tiragem de 2.000 cópias da primeira edição, publicada em 4 de outubro de 1795, foi imediatamente seguida, na primavera de 1796, de uma segunda edição com tiragem de 1.500 exemplares e com a adição de um segundo anexo, uma reação inevitável às versões piratas que, naqueles tempos, já circulavam por Frankfurt e Leipzig. Em 1796, Nicolovius, o editor com quem Kant trabalhava, aproveitou a oportunidade para lançar uma primeira tradução, feita para o francês, já com o segundo anexo, com o objetivo de substituir uma versão não autorizada que fora antes publicada em Berna e que supostamente se reporta a Louis-Ferdinand Huber, alguém próximo a Benjamin Constant.

É perceptível que esse interesse imediato pelo escrito kantiano é reflexo da urgência com a qual se impunha o tema da paz a um continente cuja formação histórico-política se caracteri-

---

1. Por Bruno Cunha, professor da Universidade Federal de São João del-Rei, Departamento de Filosofia e Métodos (DFIME) e Programa de Pós-graduação em Filosofia da Universidade Federal de São João del-Rei (PPGFIL). Contato: brunocunha@ufsj.edu.br

zou justamente, desde o seu início e quase em sua totalidade, pela experiência das guerras. De um modo geral, documenta-se, desde 3600 a.c. até o meio do século XX, mais de 14 mil conflitos bélicos no mundo e, nesse lapso de tempo, não mais do que 292 anos de paz, sendo que no transcurso de 3.357 anos, firmaram-se cerca de 800 tratados de paz, sem que nenhum deles tivesse alcançado mais do que 10 anos de duração (Jermolenko, *apud* Munõz, 2005). A essa experiência histórica seguiu-se um longo debate que, desde as suas primeiras elaborações com Platão, Aristóteles e Cícero, passando por Agostinho e Tomás, acabou por culminar na tradição jusnaturalista moderna das doutrinas da guerra justa de Grócio, Pufendorf e Vattel, e, em última instância, nos projetos filosóficos de paz de Abbé de Saint Pierre e Rousseau. É, portanto, em referência a toda uma tradição histórico-filosófica que Kant redige o seu opúsculo, tanto em relação a sua estrutura, que tenta reproduzir o formato típico dos tratados de paz, geralmente divididos em artigos preliminares, definitivos e anexos etc., quanto em relação ao seu conteúdo que se configura, decerto, como uma *crítica* à instituição clássica do direito das gentes e ao poder político vigente[2].

Embora haja uma rica literatura ocidental sobre a paz, nenhum dos textos clássicos se dedicou de uma maneira prioritária ao tema. O fato é que, como salienta Höffe (1995, p. 1), a paz nunca se tornou um conceito fundamental da filosofia. Nas grandes obras políticas da Modernidade, tais como o *Leviatã* de Hobbes e o *Segundo tratado* de Locke, não encontramos de fato uma teoria da paz. Apenas em dois pensadores, temporalmente distantes um do outro, a paz adquire mais do que uma importância marginal, em Agostinho e Kant (Höffe, 1995, p. 6). Mas bem diferente da *aeterna pax* de Agostinho (*Cidade de Deus*, XIX 1-13; 26-28), usufruída na "vida eterna", a paz perpétua de Kant não é aquela dos cemitérios e nem aquela frágil e inconsistente que tem sido vivenciada, a duras penas, pelo continente

---

2. A ocasião histórica é a *Paz da Basileia*, tratado firmado em abril de 1795 entre a recém-fundada República Francesa e a Prússia.

europeu[3]. Trata-se, de outro modo, de uma paz duradoura, sem reservas, garantida por mecanismos confiáveis e efetivos. Para sua realização, contudo, urge expressamente que seu conceito se desloque da posição de mero adendo para a posição de um conceito central, estabelecido em *reciprocidade* com os outros conceitos fundamentais do direito e da política. Sob a tutela dessa reciprocidade, portanto, uma teoria do Estado, da justiça, da liberdade e do progresso não pode prescindir do conceito de paz, do mesmo modo que, inversamente, uma teoria da paz não pode operar à revelia desses conceitos fundamentais.

Não seria um equívoco dizer que, mesmo mais de duzentos anos depois, o escrito kantiano sobre a *Paz perpétua* continua relevante. Basta mencionar que o opúsculo certamente influenciou a configuração de nosso contexto histórico-político. De acordo com Ledermann (1945, p. 147-150), já no século XIX, com *À paz perpétua* fundam-se os alicerces de uma nova era do pacifismo, construída sobre novas relações internacionais. Kant foi capaz de ir além de seus predecessores ao realizar, de uma maneira lógico-sistemática, uma síntese das principais ideias, que até então tinham sido propostas no âmbito do direito das gentes, o que resultou em uma transição do direito das gentes clássico, caracterizado aos moldes do *Direito de guerra e de paz* de Hugo Grócio, para um novo direito dos povos, em cuja racionalidade o conceito de paz está incondicionalmente pressuposto. Ao propor uma reforma das relações internacionais, estabelecendo a condição da paz junto aos fundamentos do direito racional, Kant teria superado, segundo Ledermann (1945), a utopia pacifista. Com isso, o pacifismo vai se libertar do seu caráter poético e bucólico, de suas amarras religiosas, para se tornar algo factível no horizonte da história. Se, de fato, ao se apoiar em pressupostos pouco sólidos, tais como a otimista ideia de uma conversão súbita e radical dos seres humanos, os esfor-

---

3. Mas a paz para Kant não é a do tipo da *Paz da Basileia*, na qual se fixaram legalmente as condições para se acabar com uma determinada guerra. O que ele quer é acabar com todas as guerras. A *Paz da Basileia* foi uma ocasião para Kant pensar em uma paz de tipo totalmente diferente e a forma do tratado do direito das gentes tornou-se uma metáfora para um tratado que nunca havia existido antes (Saner, 1995, p. 45).

ços pela paz revelaram-se quiméricos, não há utopia alguma em acreditar que, se é para ser possível uma condição permanente de paz, ela só pode o ser sob os princípios do direito e das relações internacionais. Foi certamente influenciado por esse espírito – decerto uma ideia da razão não facilmente realizável na história, mas nem por isso utópica – que se sancionou, depois da Primeira Guerra Mundial, a Liga das Nações, e, posteriormente, a Organização das Nações Unidas.

## 2 Informações sobre a presente tradução de *À paz perpétua*

O texto-base utilizado para esta tradução de *À paz perpétua* foi aquele disponível no volume 8 das obras completas de Kant reunidas pela antiga Academia Prussiana de Ciências (agora Academia de Ciências de Berlim-Brandemburgo), intituladas *Kants Gesammelte Schriften* (1923). Com o objetivo de uma melhor adaptação aos padrões da pesquisa internacional, acrescentou-se ao texto a referência às páginas da mencionada *Edição da Academia*. Em relação à tradução, buscou-se respeitar ao máximo o texto alemão original. As adaptações foram realizadas apenas quando estritamente necessárias com o propósito de adequar melhor o texto às exigências da língua portuguesa, embora, quando foi o caso, isso tenha sido devidamente indicado em notas. Com o propósito de conduzir melhor a escolha dos termos, o texto foi cotejado com outras versões, dentre as quais cabe citar a tradução para o inglês de Mary Gregor, incluída no volume *Practical Philosophy* de *Cambridge Edition of Works of Immanuel Kant* (1996), a tradução espanhola de Jacobo Muñoz (1999), e a tradução francesa de Jean-François Poirier e Françoise Prost (2006). No processo de cotejamento utilizou-se ainda das traduções para o português de Artur Morão (1988), de Marco Zingano (1989) e de Jacó Guinsburg (2004). Com menos frequência, foram consultadas também as traduções de Joël Lefebvre para o francês (1985) e de Joaquín Abellán para o espanhol (2002). Embora o opúsculo já contenha uma série de notas do autor, optou-se por acrescentar outras contendo comentários adicionais, com o propósito de esclarecer tanto as opções de tradução, que muitas vezes são discutidas em relação às outras versões, quanto os diversos aspectos subentendidos no texto. Cientes de todas as dificuldades que envolvem uma tradução filosófica e de todos os possíveis desacertos que podem resultar disso, esperamos, não obstante, que essa tradução possa acrescentar algo ao contexto das traduções latinas sobre Kant, contribuindo em alguma medida para os estudos kantianos em língua portuguesa.

## 3 A Teoria Kantiana da Paz em *À paz perpétua*

### 3.1 Os artigos preliminares: proibições para a paz

Em contraposição à hipótese de que os artigos preliminares seriam eles mesmos princípios extraídos da experiência[4], parece mais correto dizer que tanto eles quanto os artigos definitivos são estabelecidos a partir de princípios jurídicos *a priori*[5] de um ordenamento para a paz mundial nos âmbitos do direito do Estado, direito das gentes e direito cosmopolita. Os artigos preliminares são dirigidos aos chefes de Estado em geral, governos ou parlamentos, e possuem um caráter negativo na medida em que exigem, como pressuposto para o término da guerra e para uma instituição provisória da paz, a supressão de algumas condições que ameaçam esse propósito. Eles aparecem como sendo de dois tipos, a saber, leis proibitivas estritas, que exigem, sem considerar as circunstâncias, uma implementação imediata (artigos 1, 5 e 6). Ou apresentam-se como leis permissivas (artigos 2, 3 e 4), nas quais se concede uma autorização para que a sua implementação (a supressão da condição) seja postergada até uma situação mais oportuna com propósito de evitar uma execução

---

4. Para Kersting (1995, p. 87), os artigos preliminares não teriam "sido derivados de um princípio com a pretensão de completude, mas extraídos da experiência".

5. Cavallar (1997, p. 79-80) compreende, em contrapartida, que os artigos preliminares são extraídos do princípio do direito e da lesão, tendo seu fundamento em uma lei racional *a priori*. O princípio instaurador de sua unidade é uma "ideia da razão", ou seja, a ideia da soberania derivada do princípio do direito. A lesão acontece sempre que um Estado, enquanto pessoa moral, é lesado.

precipitada que possa ser prejudicial ao Estado (AA 8:347-348). Lucidamente, Kant pressupõe aqui a necessidade de se considerar uma transformação gradativa das instituições.

Em suma, os artigos preliminares estabelecem respectivamente proibições[6] em relação: (1) À reserva secreta de guerra em um tratado de paz; (2) À aquisição patrimonial de Estados; (3) Aos exércitos permanentes; (4) À dívida pública decorrente de conflitos externos; (5) À intervenção em outros Estados; (6) Aos atos de guerra desonrosos.

O primeiro artigo preliminar exige que não sejam admitidas reservas no estabelecimento dos acordos de paz. A vontade para a paz deve ser incondicional: "Não deve ser válido nenhum tratado de paz que como tal tenha sido feito com reserva secreta de matéria para uma guerra futura" (AA 8:343). Ao firmar um tratado de paz, ambas as partes não devem fazê-lo com *reservatio mentalis*, ou seja, com intenções escondidas de que em um momento futuro mais oportuno o estado bélico seja retomado, pois isso destrói o sentido próprio do conceito de paz, que nesse caso não seria mais do que um mero armistício. Além disso, a *reservatio mentalis* pode ser considerada imoral e injusta. Cavallar (1997, p. 81) compreende que um tratado de paz estabelecido nesses termos é uma autocontradição na vontade dos contratantes e, portanto, uma violação moral na medida em que o sujeito do direito das gentes, a saber, o Estado soberano, é utilizado como meio para os fins políticos de outro. A injustiça da *reservatio mentalis* fica evidente, por sua vez, pelo fato de ela se contrapor, no âmbito do direito das gentes, diretamente ao princípio da publicidade que declara que é injusta uma máxima que não pode se *tornar pública*. Torna-se mais compreensível, dessa forma, o motivo pelo qual Kant faz, ao final do primeiro artigo preliminar, uma aproximação entre a *reservatio mentalis* e a casuística dos jesuítas, compreendendo ambas como algo que está abaixo da dignidade dos governantes e de seus ministros.

---

6. De acordo com Saner (1995, p. 49), "Kant não conecta argumentativamente as proibições umas com as outras. Ele não dá nenhuma sistemática, mas apenas um agrupamento posterior segundo os tipos de leis proibitivas. A cada artigo ele acrescenta um breve comentário que às vezes é bastante errático na argumentação".

O segundo artigo preliminar põe em destaque a dignidade e a autonomia dos Estados soberanos. O Estado, enquanto uma sociedade de seres humanos, não é um patrimônio, mas uma pessoa moral. É um fim em si mesmo e, portanto, não pode se tornar objeto da disposição de terceiros. Por isso, ele "não pode ser adquirido por outro Estado mediante herança, troca, compra ou doação" (AA 8:344). O tratamento do Estado como coisa destrói, ao mesmo tempo, o fundamento das relações jurídicas na medida em que se apresenta como uma séria violação à ideia do contrato originário, erigida sobre a pressuposição dos conceitos de soberania e autonomia, sem a qual não é possível conceber o direito. Ademais, do ponto de vista histórico, além de condenar as partilhas, permutas e aquisições que frequentemente se anexam aos tratados de paz, Kant também critica a objetificação do Estado a partir daquilo que, segundo suas palavras, passou a se configurar em seu tempo como "uma nova indústria", a saber, a união matrimonial de Estados com o único propósito de expandir o poder político e seus territórios. A crítica se estende também ao aluguel de exércitos estrangeiros, já que ao compor as linhas de frente de um exército estranho contra "um inimigo não comum", os cidadãos são "usados e abusados" como coisas.

O terceiro artigo preliminar advoga contra a manutenção dos exércitos permanentes: "[e]xércitos permanentes *(miles perpetuus)* devem desaparecer completamente com o tempo" (AA 8:345). O conceito de paz armada é aqui duramente criticado. Ora, pois, não é possível haver paz em uma corrida armamentista que não conhece limites e é extremamente dispendiosa aos Estados. Os exércitos eram, naquela época, o critério de afirmação do Estado em suas relações internacionais, o que estimulava todos os Estados a se armarem uns contra os outros, criando um clima de tensão geral e uma ameaça incessante de guerra. Ao mesmo tempo, por custarem muito ao erário público, os exércitos permanentes acabavam por se tornar causa de guerras, já que estas se mostravam, certas vezes, como mais viáveis, do ponto de vista econômico, do que um curto período de paz. Segundo Zaner (1995, p. 61), em tempos de paz, cerca de 70 a 80% de toda receita estatal era gasta com os exércitos permanentes e, em tempos de guerra, isso chegava a 90% ou mais. O exército chegou a crescer, no governo de Frederico II, a ponto de alcançar 230 mil homens em uma população de 6 milhões de habitantes. A cobertura dos custos era suprida por uma alta tributação em cima da produção dos camponeses que constituíam a grande massa da população prussiana. Estima-se que, nos anos de 1760, os impostos representavam algo próximo de um terço da renda bruta. O terceiro artigo é certamente uma crítica ao Estado absolutista e, em especial, ao Estado prussiano, uma vez que, segundo Zäner (1995, p. 62), nenhum Estado foi tão militarizado. Além de ser o mais militarizado da Europa, o Estado de Frederico II era também aquele que acumulava o maior tesouro bélico, que é, em outras palavras, o fundo, acumulado mediante a poupança, para fins de guerra. Analogamente, como Kant demonstra, tanto os exércitos permanentes quanto o tesouro bélico assumem as feições de uma *potentia tremenda* que incita um estado permanente de guerra. Para concluir sua crítica, Kant destaca ainda, como já havia sugerido no segundo artigo, que, do ponto de vista moral, o alistamento e o exercício militar remunerado nos grandes exércitos mostram-se problemáticos, uma vez que nesse caso os seres humanos são usados como instrumentos por um outro, a saber, pelo Estado, o que viola o direito da humanidade na pessoa de cada um. Kant não vê, contudo, problema no alistamento voluntário com objetivo da defesa do país, porque, nesse caso, como se supõe, os súditos aderem voluntariamente à causa do Estado antevendo uma possível violação dos seus direitos. Do ponto de vista das relações internacionais, ademais, uma milícia defensiva não chega a ser um problema, pois não adquire o *status* de uma *potentia tremenda* capaz de ameaçar outros Estados.

No quarto artigo preliminar, Kant contesta a legitimidade da dívida externa em relação a interesses externos, tais como a preparação para guerra e sua condução: "Nenhuma dívida pública deve ser contraída em relação a interesses externos do Estado" (AA 8:345). Com a guerra, todo tesouro bélico acumulado por anos tende a se esgotar e, consequentemente, a forçar os armistícios. Mas um sistema internacional de créditos é ele mesmo, segundo Kant, uma fonte de recursos "inesgotável" para se dirigir a guerra, visto que os Estados exauridos podem imediatamente se endividar com o propósito de prorrogar um conflito. Esse sistema de créditos é, como Kant sarcasticamente afirma, a engenhosa invenção de um povo de comerciantes nesse século. Trata-se, possivelmente, de uma referência à Inglaterra, que forneceu os subsídios à Prússia na Primeira Guerra de Coalizão, sem os quais Frederico II não teria sido capaz de conduzir o conflito (Saner, 1995, p. 65). Além disso, Kant também denuncia o fato de que a dívida pública de um Estado poderia crescer ao ponto de levá-lo à bancarrota, o que lesaria de alguma forma todos os Estados credores (Cavallar, 1997, p. 82).

O quinto artigo evoca mais uma vez a autonomia/soberania estatal para condenar o intervencionismo: "Nenhum Estado deve interferir pela força na constituição e no governo de outro Estado" (AA 8:346). O mau exemplo que um Estado dá aos outros Estados devido a sua situação política, por consequência de uma constituição defeituosa, ainda não é um motivo legítimo para que outro Estado intervenha em sua situação, pois isso não implica nenhuma lesão. Com exceção de uma situação de anarquia, Kant proíbe absolutamente a intervenção, seja no caso de uma guerra civil, seja no de uma revolução, pois se trataria de uma violação à autonomia/soberania de um Estado. Enquanto o "conflito interno ainda não estiver decidido" – diz Kant –, "a interferência de potências externas seria uma violação aos direitos de um povo independente de todos os outros, que luta apenas com sua doença interna", algo que "tornaria insegura a autonomia de todos os Estados". Trata-se, ao que parece, de uma reação à posição antirrevolucionária de certas potências, que viam na revolução de outros países um "mal exemplo" e, por conseguinte, uma autorização para a interferência. Não obstante, contrário a isso, Kant não deixa de expressar sua admiração pelos revolucionários[7], nesse contexto, ao sustentar a posição de que "um povo não deveria ser proibido por outras potências" de tratar de "sua doença interna" (AA 8:346), ou seja, "de se dar uma constituição civil como esta lhe parece ser boa"[8] (AA 8:45).

---

7. Embora não haja um direito à resistência e à revolução (AA 6:316; 320) na filosofia do direito de Kant, ele é inegavelmente um entusiasta da Revolução Francesa e de seu ideal de republicanismo.

8. Fazendo uma alusão aqui à afirmação kantiana em o *Conflito de faculdades* a respeito da intervenção que a Primeira Guerra de Coalizão perpetrou na França revolucionária.

O sexto artigo preliminar é uma cláusula referente ao direito na guerra (*jus in bellum*), um dos aspectos que, no direito das gentes clássico, compõe a célebre "doutrina da guerra justa": "Nenhum Estado em guerra com outro deve permitir hostilidades tais que devam tornar impossível a confiança mútua na paz futura". Trata-se, em outras palavras, de uma interdição à condução desleal da guerra[9], mediante artifícios tais como "o emprego de assassinos (*percussores*), envenenadores (*venefici*), o rompimento de capitulação, o incitamento à traição (*perduellio*) etc.", algo que destruiria a confiança mútua dos Estados e tornaria, com efeito, uma paz futura inviável. O uso desses meios culminaria em uma guerra de extermínio na qual se aniquilariam ambas as partes no conflito e, consequentemente, todo o direito, permitindo que a única paz perpétua possível fosse aquela dos cemitérios. Contra as doutrinas clássicas da guerra justa, também está o fato de que, no estado de natureza em que se encontram os Estados, não há um tribunal capaz de julgar a "justiça" da guerra. Na ausência de uma instância superior, parece também injustificável o conceito de uma "guerra de punição", pois a relação entre os Estados soberanos, bem diferente da relação entre cidadão e Estado no direito estatal, não é aquela de um superior com um subordinado.

### 3.2 Os artigos definitivos e as condições positivas para a paz: republicanismo, federalismo livre e hospitalidade universal

Aos artigos preliminares, que são condições meramente negativas mediante as quais é instaurada uma paz ainda provisória (Cavallar, 1997, p. 83), seguem os artigos definitivos, que apresentam os fundamentos de uma teoria integral do direito público tripartida nos âmbitos do (1) direito do Estado (a esfera do direito entre pessoas em um povo), (2) do direito das gentes (a esfera do direito entre Estados) e (3) do direito cosmopolita (a esfera do direito entre os Estados e cidadãos cosmopolitas). Trata-se das condições positivas para a paz.

---

9. Uma provável referência a Christian Wolf que, em seus *Princípios do direito natural e das gentes* de 1759, nos dá evidências de um profundo espírito de realismo em sua doutrina da guerra justa ao ponto de permitir mesmo o uso de balas envenenadas, espiões e assassinos como meios para se alcançar o fim contra um inimigo injusto (§ 877-884).

O primeiro artigo definitivo discute os fundamentos jurídicos para a instituição da paz em um contexto de primeira ordem, a saber, o do direito do Estado. Considerando o fato de que, em suas relações externas, os Estados se encontram no estado de natureza, – ou seja, um estado de guerra, mesmo que ainda não declarada – a primeira condição à paz perpétua é a de que a "constituição civil de todo Estado" seja "republicana" (AA 8:349). É importante observar que, a despeito de que a constituição republicana seja relativa ao direito interno do Estado, Kant acredita que os princípios do direito inerente a ela também deverão ter efeitos na esfera interestatal[10]. A constituição republicana é, para Kant, aquela estabelecida sobre os pressupostos da "liberdade", "independência" e "igualdade". É a única constituição derivada da fonte pura do direito e, portanto, a única capaz de conduzir à paz perpétua. Se nela as decisões políticas, inclusive aquelas relacionadas às ações de guerra, exigem o consentimento dos cidadãos – aqueles que de fato assumem os encargos da guerra – é de se presumir que a guerra não será tão certa quanto em um governo despótico, cuja decisão se encontra na mão de apenas um.

Kant chama a atenção para que não se confunda republicanismo com democracia. Pois, em sua concepção, a democracia está muito mais próxima do despotismo. Essa afirmação nos leva a supor que a democracia não é concebida, na hipótese kantiana, como o governo do povo, mas apenas como o governo majoritário do povo, de modo que, como governo da maioria, ela baseia-se em leis majoritárias em detrimento das leis universais que devem emanar da vontade geral. Com isso, torna-se possível compreender melhor a crítica de Kant de que, na democracia, "todos – que, contudo, não são todos – tomam a decisão, o que é uma contradição da vontade geral consigo mesma" (AA 8:352).

---

10. Segundo Höffe (2012, p. 257), "uma vez que Estados são considerados como indivíduos, para eles vale o que conhecemos como princípio universal do direito: que [...] suas ações possam concordar com a de todos os outros Estados – indivíduos segundo uma lei universal".

Com a contraposição entre republicanismo e democracia[11], urge distinguir entre as "formas" da soberania e as "formas" de governo (AA 8:352). As formas da soberania ou formas de domínio dizem respeito a quem exerce o poder, dividindo-se em: (1) a autocracia, o governo de um só (2) a aristocracia, o governo de vários (3) e a democracia, o governo de todos. Mais importante do que as formas da soberania são as formas de governo, que se referem ao modo como esse poder é exercido, dividindo-se em: (1) republicanismo, que é baseado na distinção entre poder executivo e legislativo e é sempre representativo; (2) despotismo, que pressupõe a vontade particular e arbitrária do legislador no lugar da vontade geral. Em relação às formas de soberania, Kant argumenta que, quanto menor é o número de governantes, maior é a representação e maior também é a possibilidade de se chegar, mediante reformas progressivas, ao republicanismo. Baseado nesse argumento, fica claro a preferência de Kant pela monarquia em detrimento da democracia, que, em sua opinião, não é capaz de alcançar uma constituição republicana a não ser mediante uma revolução violenta. Ao admitir um caminho progressivo em direção ao republicanismo, Kant faz referência ao governo de Frederico II que, embora ainda baseado em uma constituição despótica, já assumia – se não em letra, pelo menos em espírito – os princípios de um governo representativo.

    O segundo artigo definitivo se instaura no âmbito do direito das gentes. Ele exige como base do direito das gentes a instituição do "federalismo de Estados livres" (AA 8:354). A condição dos Estados na sua relação entre si é originariamente a do estado de guerra, uma condição que culmina na lesão recíproca e permanente entre os Estados. Mas, assim como no estado natural entre indivíduos, a condição natural entre os Estados deve ser superada através da instituição de uma ordem jurídica. No entanto, à diferença do Estado civil, cuja estrutura coercitiva se constitui de cima para baixo na rela-

---

11. Ao estabelecer o conceito de república sobre os princípios da liberdade, da independência e da igualdade, Höffe (2012, p. 256) acredita que "a república de Kant corresponde amplamente a uma democracia no significado de hoje".

ção entre soberano e súditos, a ordem jurídica interestatal não deve se constituir estruturalmente nesses moldes, a saber, na configuração de um Estado de povos ou de uma república mundial, mas como uma "liga de povos", em sentido vertical, sem leis coercitivas ou, em outras palavras, uma federação livre. O conceito de "Estado de povos" parece carregar uma contradição porque o direito das gentes, como um direito entre povos soberanos, não deve admitir coerção e subordinação. Uma vez que os Estados soberanos já possuem uma constituição jurídica, estariam eles liberados da subordinação e da coerção de uma constituição mais ampla. Além disso, outro problema seria que a instauração de um Estado universal acabaria por suprimir as individualidades políticas e culturais de cada Estado. Ao assumir essa posição, Kant parece admitir a revisão das propostas que já haviam sido apresentadas, antes, na *Ideia de uma história universal do ponto de vista cosmopolita* (1784) e *Sobre uma expressão corrente* (1793), em que se cogita a ideia de um Estado universal regido por leis coercitivas. Ao fim do segundo artigo, não obstante, Kant se reporta, curiosamente, mais uma vez à ideia do Estado de povos sob "leis coercitivas públicas" (AA 8:357) como o artifício definitivo mediante o qual é possível superar, de acordo com o direito racional, o estado de natureza entre os Estados. No entanto, nesse ponto, esse pressuposto não parece se estabelecer como mais do que um ideal, uma vez que Kant se dá por satisfeito com aquilo que julga ser o seu substituto negativo, a saber, a federação livre. Mas para que essa ideia do federalismo livre seja exequível, ela precisa de um ponto de partida, que já se encontra estabelecido no seio do próprio republicanismo. Mais especificamente, na pressuposição da capacidade de um povo ilustrado e poderoso, organizado como república[12], assumir o protagonismo nas relações internacionais. Ou seja, na aptidão de uma determinada república de assumir uma posição central em torno da qual todos os demais Estados entrarão em uma relação jurídica recíproca.

---

12. Para a diferença entre república e republicanismo, cf. Kersting, 1995.

A afirmação do federalismo livre como ordem jurídica interestatal abre espaço, ainda no segundo artigo definitivo, para uma crítica ao direito das gentes clássico, cujos fundamentos se baseiam em uma concepção antropológica pessimista da natureza humana. Ora, levando em conta a ideia de que a malignidade da natureza humana que é inibida pela coerção dentro do Estado manifesta-se plenamente na relação entre os Estados, o direito das gentes clássico não deu o devido crédito à possibilidade real da paz e, por isso, acabou por se instituir meramente como uma doutrina de justificação da guerra. Sem esperança de uma paz permanente, os jusfilósofos clássicos *Hugo Grócio, Pufendorf, Vattel* são retratados como nada mais do que aquilo que, nas palavras de Kant, se define como "fastidiosos consoladores" (AA 8:355). Contra eles, Kant sustenta a opinião de que o conceito de guerra justa é destituído de sentido pois, visto que, na relação mútua entre os Estados, não existe uma coerção externa comum, ou seja, um tribunal para julgar com força legal, isso significa que, nesse estado, não é possível declarar o que é ou não é de direito[13]. Falivelmente, tenta-se instituir o direito, em tais doutrinas, apelando ao poder do mais forte e ao resultado da guerra. Kant chama atenção, no entanto, para o fato de que todo Estado busca uma justificação para a guerra apelando ao direito. Como ele observa, mesmo que apenas nominalmente, tais Estados não deixam de prestar, dessa forma, uma homenagem ao conceito de direito. E esse respeito tácito deve ser visto como o sinal de uma predisposição latente no ser humano contra o mal radical da natureza humana.

No terceiro artigo definitivo, a condição positiva para a paz é estabelecida no âmbito de uma novidade, introduzida por Kant, dentro do direito público, a saber, o direito cosmopolita.

---

13. Dentro da literatura, tem sido recorrente um debate sobre se Kant teria ou não assumido a doutrina da guerra justa, uma vez que a sua posição se mostra ambivalente na segunda metade de 1790. Enquanto em *À paz perpétua* parece claro o seu posicionamento negativo em relação ao direito à guerra, a *Metafísica dos costumes* de 1797 mostra-se permissiva. Para Byrd, Hruschka, Orend e Shell, a *Metafísica dos costumes* tem maior autoridade em relação a isso. Por outro lado, Gregor sustenta inversamente que *À paz perpétua* começa onde a *Doutrina do direito* de 1797 termina (Willians, 2012, p. 54-55).

Kant deixa claro, antes de tudo, que não se trata de filantropia, mas de um direito que todo cidadão do mundo tem de não ser tratado com hostilidade em solo estrangeiro. Não se trata apenas de um direito de hospedagem, mas de um direito à visita e à "hospitalidade" em virtude da posse comum da superfície finita da terra, em cima da qual o ser humano não pode se dispersar infinitamente. Isto é, considerando o fato de que todas as pessoas possuem um direito originário e igualitário sobre o solo, também possuem um direito de estar em qualquer lugar. Mas, diferente das outras divisões do direito público, o direito cosmopolita tem um caráter restritivo na medida em que deve se limitar às condições da "hospitalidade universal" (AA 8:357). Em última instância, essa restrição às "condições da hospitalidade" vem acompanhada de uma proibição que se dirige à apropriação violenta das posses alheias, inclusive a de povos que não se constituem ainda como comunidades jurídicas (Cavallar, 1997, p. 93). Ou seja, o terceiro artigo proíbe a colonização. Se, por um lado, o direito cosmopolita permite a tentativa de se estabelecer o comércio com os habitantes locais, relação essa que pode estimular o cosmopolitismo e mais tarde se firmar na forma de legalidade pública, por outro, proíbe expressamente a conquista desses povos. Em certas situações, os nativos têm o direito de mandar os estrangeiros embora ou, pelo menos, de restringir-lhes o acesso, como, por exemplo, fez a China e o Japão (AA 8:359). Não é difícil de observar que o argumento se apresenta como uma crítica ao colonialismo e ao imperialismo europeus. Kant parece conhecer a história das Índias de Diderot e, dessa forma, critica o processo de colonização iniciado sob a máscara das relações comerciais (Aramayo, 2018, p. 25). Para concluir, Kant reconhece o fenômeno da globalização da política, posto em movimento na Modernidade e, sobretudo, no século XVIII, como um aspecto para a afirmação global do direito, o que se observa em sua declaração de que a violação do direito em um lugar do mundo pode ser sentida em todos os outros (AA 8:360).

## 3.3 Suplemento primeiro e a transição para a filosofia da história: a garantia da natureza

O suplemento primeiro apresenta um movimento que para muitos foi concebido como incongruente e prejudicial para a sistemática do tratado: a transição da filosofia política para a filosofia da história. Segundo alguns críticos, o tratado sobre a paz perpétua é transpassado por uma fissura, que se encontra exatamente no ponto onde há a transição de uma para a outra. Se, nos artigos preliminares e definitivos, o ponto de vista é estritamente jurídico, o suplemento introduz a premissa básica da filosofia da história de Kant, a saber, a da garantia da natureza (AA 8:360). Para os críticos, é como se, a partir da declaração da garantia da natureza, se instaurasse, sem mediações, uma instância que, passando por cima das pessoas, instauraria a paz perpétua (Cavallar, 1997, p. 78).

Em 1784, na *Ideia de uma história universal*, Kant defende, no âmbito das ideias regulativas da razão, o conceito de um plano oculto da natureza que se serve do antagonismo das relações humanas para alcançar os seus propósitos. Essa tese será retomada em *À paz perpétua*. Kant não está propondo, com isso, no entanto, um retorno à teleologia especulativa clássica, cujo propósito é o de conhecer ou inferir uma causa superior a partir dos artifícios da natureza. Ele apenas propõe pensar, em analogia com as práticas artísticas humanas, essa causa como um fio condutor da história. A despeito de toda a inconformidade a fins que observamos na história da humanidade, seja a partir das guerras ou dos obstáculos naturais, devemos pensar que a natureza realiza um plano oculto, inclusive contra a nossa vontade, em direção ao progresso, que em última instância se dirige para a instituição de uma regulação internacional capaz de nos levar à paz perpétua. É perceptível que, com isso, Kant não está descartando a hipótese jurídica da primeira parte a favor de uma hipótese teleológica, nem preterindo a liberdade a favor do destino. Ele apenas está tentando esquadrinhar um determinado caminho da história humana até um futuro, que pode muito bem se constituir de maneira diferente dependendo da forma como o encaramos, a saber, se com vista a certos ideais com a expectativa de transformar a realidade, ou se com vista a uma mera conformação com a experiência fática. Essa hipótese não tem apenas caráter heurístico, mas também um caráter eminentemente prático marcado pela necessidade de certo tipo de esperança no futuro. Não serve certamente para predizer o futuro, mas é suficiente para mostrar que é um dever factível a instituição de um Estado de direito que possa realizar a paz (AA 8:362).

Estamos habilitados a pensar, portanto, sob esse ponto de vista, que a astúcia da natureza se manifesta de três maneiras diferentes (AA 8:365-368). Em primeiro lugar, ela se utiliza da guerra para levar os povos a se instituírem como Estados e, posteriormente, como repúblicas. Com a instituição do Estado, a natureza proporciona os mecanismos para que as inclinações contrárias dos cidadãos possam se autorregular, permitindo o convívio social. A convivência social não pressupõe um aperfeiçoamento moral do cidadão, mas apenas a autorregulação de suas disposições antagônicas, resultado de sua *sociabilidade insociável*, mediante leis coercitivas. Hipoteticamente isso deveria tornar possível, sob a tutela de leis jurídicas, até mesmo a coexistência pacífica em um povo de demônios. Mas se, por um lado, a instituição do Estado não depende do aperfeiçoamento moral, por outro, é o Estado de direito que vai criar o ambiente propício para que as disposições morais possam se desenvolver. Em segundo lugar, depois de conduzir os povos à instituição dos Estados, a natureza também usa de sua astúcia para manter estes Estados separados entre si através de suas diferenças religiosas e linguísticas. Como Kant observa, essa separação está mais de acordo com as exigências do direito, uma vez que a reunião de todos os Estados em uma monarquia universal poderia, com o aumento da extensão da governança e com a consequente perda da ineficácia das leis, degenerar-se em despotismo e, finalmente, em anarquia. Por último, a natureza promove o respeito mútuo entre os povos por meio do "espírito do comércio". Isto é, levando em conta o grande poder do interesse econômico, as relações comerciais forçam os Estados – certamente não por meio de móbeis morais – a promover o estado de paz.

### 3.4 O artigo secreto: um direito à publicidade aos filósofos

Um segundo anexo, com um artigo secreto, foi acrescentado em *À Paz perpétua* em virtude de sua segunda edição. Como Kant mesmo admite, um artigo secreto é claramente uma contradição no que diz respeito a um tratado de paz. Não obstante, ironicamente, ele é permitido aqui justamente como um meio de garantir aos filósofos seu direito à opinião pública. É um manifesto contra a censura. Aos filósofos deve ser permitido emitir opiniões sobre as condições de possibilidade da paz pública (AA 8:369). Os filósofos devem ser convidados (tácita ou secretamente) a emitir suas opiniões ou, pelo menos, não devem ser impedidos de fazê-lo. Certamente, como Kant salienta, isso não significa dar-lhes preferência em relação aos juristas, os representantes do poder estatal, mas de prestar-lhes o devido respeito em sua importante função. Em *O conflito das faculdades*, Kant defenderá a ideia de que, em um governo livre, a filosofia deve ocupar a ala da esquerda das cadeiras universitárias – ser o partido da oposição – em relação às faculdades das ciências, defensoras do estatuto do governo, pois sua função é justamente a de levar a cabo um severo exame crítico da política sem o qual o governo ficaria sem apoio (AA 7: 35). Esse é o motivo pelo qual, em *À paz perpétua*, Kant questiona, levando em conta este importante papel a ser desempenhado pela filosofia na esfera pública, a posição de mera "serva" em relação às outras ciências. Não se trata, com isso, certamente, de acalentar algum tipo de sonho platônico, mediante o qual a classe filosófica ascenderia ao poder, pois Kant é totalmente lúcido de que o poder político corrompe o juízo livre da razão. Trata-se, bem mais, de reconhecer a importância da classe filosófica – classe incapaz de se juntar em agremiações políticas ou partidos – para o esclarecimento dos principais assuntos da política.

### 3.5 Sobre a discordância da moral com a política: a moral como condição limitante da política

Com base na própria experiência política, o primeiro apêndice denuncia um dos grandes obstáculos para a realização da paz perpétua, a saber, o conflito entre moral e política. Para representar esse conflito, Kant faz uso de uma metáfora envolvendo dois deuses romanos, a saber, de um lado *Término*, aquele que supervisiona rigorosamente as fronteiras da moral, sem nunca ceder parte de seu território; e do outro lado *Júpiter*, o responsável pela administração do poder (Aramayo, 2018, p. 30).

*Júpiter* representa a figura do moralista político, aquele que estabelece os princípios morais de acordo com as exigências do poder e em conveniência com as circunstâncias. Ele tem como ponto de partida o conhecimento da natureza humana – que, em sua opinião, é incapaz de realizar o bem – para conceber a política como mero problema técnico solucionável, através das circunstâncias, mediante o cálculo de consequências. Todas as três divisões do direito público são reduzidas, com isso, ao plano da prudência política. A política é, nesse sentido, a arte de utilizar o mecanismo da natureza para o governo dos homens. A consequência disso é, contudo, que o conceito de direito se torna um pensamento vazio (AA 8:372). A política encontra-se, sob esse aspecto, em um completo desacordo com a moral.

*Término* representa, por sua vez, a figura do político moral, aquele que busca estabelecer a prudência política do Estado de acordo com a moral. Uma das mais urgentes exigências da moral é a de que, na política, as constituições sejam reformadas segundo os princípios do direito natural ou racional. A prudência política, se de acordo com a moral, contudo, versa que estas reformas precisam ser realizadas com cautela de modo que não haja risco de anarquia. É perceptível, com isso, que moral e prudência política não estão em desacordo[14]. Mas, para o político moral, a política não é meramente uma questão prudencial ou técnica. A sabedoria política não se resume, para ele, a buscar o

---
14. Cf. Cunha, 2022.

bem físico e circunstancial, ou seja, a felicidade, mas consiste na rigorosa observância dos preceitos morais. Cabe observar que a moral é compreendida aqui tanto como ética, ou seja, como doutrina da virtude, quanto como doutrina do direito. Portanto, sob a perspectiva do político moral, a política deve ser compreendida como a doutrina executiva do direito. O direito fornece os critérios racionais *a priori* pelos quais a prática política em geral, incluindo a prudência política, deve se orientar. Portanto, o político moral distingue-se do moralista político porque o último assume fundamentos materiais, extraídos de seu suposto conhecimento do mecanismo da natureza, como fins da prática política, tornando a política uma mera questão técnica na qual se emprega certos meios para se alcançarem certos fins arbitrários. Em contrapartida, o político moral desconsidera tais fins como fundamentos de determinação, a saber, a matéria da prudência política, para estabelecer a política de acordo com o princípio formal que exige, na prática, a concordância das máximas segundo fins universais (AA 8:366-367).

É perceptível que o mesmo raciocínio assumido na ética vale para o direito. Então no que diz respeito ao propósito de promover o consenso da moral com a política, trazendo dessa forma toda filosofia prática à concordância consigo mesma, é preciso dar primazia ao princípio formal da razão em detrimento da matéria da prudência. No âmbito do direito público, quando nos abstraímos de toda matéria, resta-nos apenas a forma da publicidade. Kant apresenta, com isso, o princípio transcendental do direito público por meio de um imperativo formal. Em primeira instância, este imperativo enuncia-se de modo meramente negativo, considerando injusta todas as ações cujas máximas não são passíveis de publicidade (AA 8:381). Em outras palavras, se a máxima de uma ação precisa se ocultar para obter êxito, é, com efeito, injusta. Por exemplo, de acordo com esse princípio, poderia ser considerada injusta a máxima de organizar secretamente uma rebelião. A essa formulação, que é apenas restritiva, é preciso acrescentar uma formulação de caráter positivo, uma vez que o princípio assim enunciado se restringe a evidenciar a não concordância da política com a moral.

A formulação positiva exige que as máximas, que necessitam de publicidade para alcançar seu fim, concordem ao mesmo tempo com o direito e a política (AA 8:386). Isto é, não basta apenas a restrição das máximas incapazes de publicidade, mas é preciso ainda promover as máximas que concordem com a coisa pública. Kant deixa claro, contudo, que o fim geral do público não se restringe à felicidade dos cidadãos e mesmo à dos Estados, mas diz respeito estritamente à realização dos princípios do direito público, aos quais se atinge pela mera consideração da forma da legalidade universal, pois os princípios do direito público são os únicos em virtude dos quais é possível a união de todos os fins. Com isso, esclarece-se que a paz perpétua não deve ser desejada apenas, condicionalmente, como um bem físico, enquanto matéria de prudência política, mas incondicionalmente como um estado resultante do reconhecimento do dever. E será, portanto, sob a tutela do direito público, que a paz, longe de ser um ideal vazio, deverá, pouco a pouco, fazer-se realizável no horizonte da história. É nisso, pelo menos, que a razão nos impele a acreditar.

*Bruno Cunha*
São João del-Rei, setembro de 2019

# Referências

ARAMAYO, R. Introducción. *In*: KANT, I. *Hacia la paz perpetua*: Un diseño filosófico. Madri: Alamanda, 2018.

CAVALLAR, G. A sistemática da parte jusfilosófica do projeto kantiano à paz perpétua. *In*: ROHDEN, V. (org.). *Kant e a instituição da paz*. Porto Alegre: UFRGS/Goethe Institut/ICBA, 1997.

CAVALLAR, G. *Pax Kantiana* – Systematisch-historische Untersuchung des Entwurfs "Zum ewigen Frieden" (1795) Von Immanuel Kant. Viena/Colônia/Weimar/Böhlau, 1992.

CUNHA, B. A prudência como "sabedoria política" no projeto kantiano da paz perpétua: um elo entre teoria e prática. *In*: FREITAS P.; KLEIN, J. (orgs.). *Comentários às obras de Kant*: À paz perpétua. Nefipo/UFSC: Florianópolis, 2022. p. 323-368.

GERHARD, V. *Immanuel Kant* – Zum ewigen Frieden: eine Theorie der Politik. Darmstadt: Wissenschaftliche Buchgesellschaft, 1995.

HÖFFE, O. *Kants Kritik der Praktischen Vernunft*: eine Philosophie der Freiheit. Munique: C.H. Beck, 2012.

HÖFFE, O. Vorwort. *In*: HÖFFE, O. (org.). *Immanuel Kant*: Zum ewigen Frieden. Berlim: Akademie, 1995a, p. 1-3.

HÖFFE, O. Einleitung: der Friede: ein vernachlässigtes Ideal. *In*: HÖFFE, O. (org.). *Immanuel Kant*: Zum ewigen Frieden. Berlim: Akademie, 1995b, p. 6-29.

JERMOLENKO, D. Soziologie der internationalen Beziehungen. In: KANT, I. *Sowjetwissenschaft/gesellschaftswissenschaftliche Beiträge*. Vol. 4, p. 391-399, 1967.

KERSTING, W. Die bürgerliche Verfassung in jedem Staate soll republikanisch sein. *In*: HÖFFE, O. (org.). *Immanuel Kant*: Zum ewigen Frieden. Berlim: Akademie, 1995, p. 87-108.

LEDERMANN, L. *Les Précurseurs de l'Organisation Internationale*. Neuchâtel: La Baconnière, 1945.

MUÑOZ, J. *Introducción. In*: KANT, I. *Hacia La Paz Perpetua*. Madri: Biblioteca Nueva, 2005.

NOUR, S. *À paz perpétua de Kant*: filosofia do direito internacional e das relações internacionais. São Paulo: Martins Fontes, 2013.

SANER, H. Die negativen Bedingungen des Friedens. *In*: HÖFFE, O. (org.). *Immanuel Kant*: Zum ewigen Frieden. Berlim: Akademie, 1995, p. 43-67.

WILLIANS, H. *Kant and the End of War*: A Critique of Just War Theory. Palgrave: Macmillan, 2012.

Fica por decidir se esta inscrição satírica no letreiro de uma certa pousada holandesa, em cima do qual foi pintado um cemitério[1], é dirigida [*gelte*] aos *seres humanos* em geral ou em especial aos chefes de Estado, que nunca são capazes de se saciar da guerra, ou ainda apenas aos filósofos, que sonham aquele doce sonho. O autor do presente tratado, no entanto, põe como condição que – uma vez que o político prático desdenha do político teórico e o olha de cima, com grande autocomplacência, como um acadêmico que, com suas ideias vazias, não oferece nenhum perigo ao Estado, o qual tem de provir de princípios da experiência, e a quem sempre se pode permitir lançar suas onze bolas[2] de uma vez sem que o estadista, *conhecedor do mundo*, precise lhe demandar atenção – no caso de um conflito com o primeiro, o último também deve proceder de maneira consequente, sem suspeitar de qualquer perigo para o Estado por trás de suas opiniões ousadas e expressas publicamente. Por meio dessa *clausula salvatoria*, o autor desse tratado deseja então se resguardar aqui expressamente, da melhor maneira, contra qualquer interpretação maliciosa.

---

1. Com essa sátira, Kant parece fazer uma referência ao *Codex Juris Gentium Diplomaticus* (Código Diplomático do Direito das Gentes) de Leibniz de 1693 no qual é feita uma referência a um proprietário de uma pousada holandesa que havia colocado na entrada de seu estabelecimento, seguindo o costume local, uma placa com a inscrição "paz perpétua" abaixo da qual estava pintado um cemitério. Ao comentar sobre o projeto de Saint Pierre, Leibniz também faz uma referência ao cemitério, cujo lema é a paz perpétua, em uma carta de 1712.

2. Expressão correspondente ao nosso dito "fazer todas as suas apostas" ou ainda, como nos dá a entender o próprio Kant, "fazer o impossível" (AA 23:155). De acordo com o *Deutsches Wörterbuch* de Jacob e Wilhelm Grimm pode também significar "algo como peneirar a neve", ou seja, fazer algo inútil.

# PRIMEIRA SEÇÃO,
## que contém os artigos preliminares para a paz perpétua entre Estados

1) "Não deve ser válido nenhum tratado de paz que como tal tenha sido feito com reserva secreta de matéria[3] para uma guerra futura."

Pois, nesse caso, ele seria por certo um mero armistício, uma suspensão das hostilidades [*Feindlichkeiten*], não *paz*, que significa o fim de todas as hostilidades [*Hostilitäten*], e para a qual já é um pleonasmo suspeito acrescentar o adjetivo *perpétua*. As causas existentes para uma guerra futura, mesmo que talvez ainda não reconhecidas presentemente pelos contratantes mesmos, são destruídas em seu conjunto por meio do tratado de paz, independentemente de essas causas poderem ser extraídas / dos documentos de arquivo pela mais perspicaz habilidade de investigação. — A reserva (*reservatio mentalis*) sobre velhas pretensões antes pensadas para o futuro – pretensões essas cuja menção não pode ser feita agora por nenhuma das partes, porque ambas estão muito esgotadas para continuar a guerra –, na qual há má intenção de usar a primeira oportunidade favorável para este propósito, pertence à casuística jesuítica e está abaixo da dignidade do governante, assim como está abaixo da dignidade de seu ministro a complacência para com tais deduções, quando se julga a matéria como ela é em si mesma.

---

3. Embora o termo alemão *"Stoff"* seja normalmente traduzido por matéria ou material, em sua tradução de *À paz perpétua* para o espanhol, Munõz escolhe adaptar o termo da seguinte maneira na sentença: *"reserva secreta de un motivo"*. Em sua tradução para o português, Morão adapta de outra forma: "reserva secreta de elementos". As traduções de Gregor para o inglês, de Poirier e Proust para o Francês, e de Zingano e Guinsburg para o português mantêm-se fiéis ao original alemão.

Se, no entanto, de acordo com conceitos esclarecidos de prudência política, a verdadeira honra do Estado é estabelecida na ampliação contínua do poder por qualquer meio que seja, então certamente aquele juízo salta aos olhos como escolástico e pedante.

2) "Nenhum Estado que existe de forma independente (pequeno ou grande, aqui isso tanto faz) pode ser adquirido por outro Estado mediante herança, troca, compra ou doação."

Isto é, um Estado não é (como de certa forma o solo sobre o qual se localiza) um patrimônio (*patrimonium*). É uma sociedade de seres humanos sobre a qual ninguém além dele mesmo tem de ordenar ou dispor. Incorporá-lo a outro Estado como um anexo – a ele que, contudo, como tronco, tinha sua própria raiz – significa suprimir sua existência como uma pessoa moral e fazer dessa última uma coisa, contradizendo, portanto, a ideia do contrato originário sem a qual não se pode pensar nenhum direito sobre um povo\*. É conhecido por todos, de nossa época até as mais recentes, a qual perigo o preconceito desse modo de aquisição tem levado a Europa, pois as outras partes do mundo nunca estiveram conscientes do fato de que também os Estados poderiam se casar uns com os outros, em parte como um novo tipo de indústria para se tornar poderoso, sem qualquer dispêndio de forças, mediante alianças familiares, em parte também para expandir de tal modo a posse de terras. — Também é para ser levado em conta nesse caso a contratação de tropas de um Estado por outro contra um inimigo não comum, uma vez que assim os súditos são usados e abusados a bel-prazer como coisas manuseáveis.

8:345 /

3) "Exércitos permanentes (*miles perpetuus*) devem desaparecer completamente com o tempo."

---

\* Um reino hereditário não é um Estado que pode ser herdado por outro Estado, mas um Estado cujo direito de governar pode ser herdado por outra pessoa física. O Estado adquire nesse caso um governante; não é o governante que, como tal (*i. e,* como aquele que já possui outro reino), adquire o Estado.

Pois eles ameaçam outros Estados incessantemente com a guerra por meio da prontidão de parecerem sempre preparados para ela; eles estimulam-se mutuamente a se superarem na quantidade de homens armados, que não conhece limites, e posto que, devido aos custos relacionados a isso, a paz torna-se finalmente ainda mais opressiva do que uma guerra curta, eles próprios são a causa de guerras ofensivas para se livrar desse fardo; acrescenta-se a isso que ser mantido em soldo para matar ou ser morto parece envolver um uso dos seres humanos como meras máquinas ou instrumentos nas mãos de outro (do Estado), o que não pode se harmonizar bem com o direito da humanidade em nossa própria pessoa. Totalmente diferente é o exercício militar periódico voluntário assumido pelos cidadãos com o propósito de, dessa forma, proteger a si mesmos e sua pátria contra ataques externos. — Ocorreria justamente a mesma coisa com o acúmulo de um tesouro, visto que ele, considerado por outros Estados como uma ameaça de guerra, obrigaria a ataques preventivos, se não se opusesse a isso a dificuldade de se descobrir o seu montante[4] (porque entre os três poderes, o *poder das armas*, o *poder das alianças* e o *poder do dinheiro*, o último poderia muito bem ser o mais confiável instrumento de guerra).

4) "Nenhuma dívida pública deve ser contraída em relação a interesses externos do Estado."

Buscar uma fonte de ajuda externa e interna ao Estado com vistas à economia do país (melhoramento de estradas, novos assentamentos, aquisição de armazéns para épocas de difícil abastecimento e assim por diante) é algo insuspeito. Mas, como máquina que contrapõe as potências umas às outras, um sistema de crédito que cresce a perder de vista e, contudo, sempre pronto para a cobrança [*Forderung*] presente (porque afinal nem todos os credores o farão de uma só vez) das dívidas asseguradas – a engenhosa invenção de um povo comerciante nesse século – é um poder financeiro perigoso, a saber, um tesouro para se dirigir

---

4. Encontramos nesse ponto o termo alemão "*Grösse*" que poderia ser traduzido mais literalmente por "magnitude" ou "grandeza". Mas tendo em vista que se trata de uma referência ao antes mencionado tesouro ou ao poder monetário, optamos por essa adaptação.

à guerra, que ultrapassa os tesouros de todos os outros Estados tomados juntos e só pode ser exaurido pela iminente diminuição das taxas (que, contudo, é procrastinada por muito tempo devido à estimulação do comércio que acontece mediante seu efeito retroativo sobre a indústria e a aquisição). Essa facilidade para se dirigir à guerra, ligada à inclinação dos detentores do poder para isso, que parece estar implantada na natureza humana, é, portanto, um grande obstáculo à paz perpétua; para evitá-lo, deveria haver tanto mais / um artigo preliminar, uma vez que a derradeira e inevitável bancarrota de um Estado deve envolver no prejuízo muitos outros Estados sem culpa, o que seria uma lesão pública destes últimos. Por conseguinte, os outros Estados ao menos estão justificados de se aliarem contra tal Estado e suas pretensões.

8:346

5) "Nenhum Estado deve interferir pela força na constituição e no governo de outro Estado."

Pois o que pode autorizá-lo a isso? Talvez o escândalo que um Estado dá aos súditos de outro Estado? Tal escândalo pode antes servir de advertência mediante o exemplo dos grandes males que um povo atraiu para si por causa de sua ausência de lei [*Gesetzlosigkeit*]; mas[5], em geral, o mau exemplo que uma pessoa livre dá a outra (como *scandalum acceptum*[6]) não é nenhuma lesão para esta última. – Daí, decerto, não se deveria inferir que, se um Estado se dividiu em duas partes por discordância interna, cada uma das quais se representando como um Estado particular fazendo reivindicação do todo; se um Estado externo presta assistência a um deles não poderia ser considerado interferência na constituição do outro (pois há nesse caso anarquia). Mas, enquanto esse conflito interno ainda não estiver decidido, a interferência de potências externas seria uma violação aos direitos de um povo indepen-

---

5. Para uma melhor adequação do sentido da frase optou-se pela permuta da conjunção aditiva original "e [*und*]" pela conjunção adversativa "mas".
6. "Ofensa recebida". O conceito de *scandalum acceptum* pressupõe a ideia de que determinado ato que tenha influenciado outras pessoas a uma transgressão foi executado sem a intenção de ser um mau exemplo. Dessa forma, entende-se, de acordo com a posição kantiana, que uma constituição defeituosa nunca pode ser uma justificativa para a guerra, pois, mesmo dando origem a um *scandalum acceptum*, sua força legal não pode estender sua eficácia para além das fronteiras de determinado Estado, influenciando as decisões de outros Estados.

dente de todos os outros, que luta apenas com sua doença interna; portanto, essa interferência seria, em si mesma, um escândalo dado[7] e tornaria insegura a autonomia de todos os Estados.

6) "Nenhum Estado em guerra com outro deve permitir hostilidades tais que devam tornar impossível a confiança mútua na paz futura: como são o emprego de assassinos (*percussores*), envenenadores (*venefici*), o rompimento de capitulação, o incitamento à traição (*perduellio*) etc., no Estado com o qual se guerreia."

Estes são estratagemas desonrosos. Pois, mesmo em meio à guerra, deve restar alguma confiança no modo de pensar do inimigo, porque, caso contrário, também nenhuma paz poderia ser firmada e a hostilidade se irromperia em uma guerra de extermínio *(bellum internecinum):* a guerra é, no fim das contas, apenas um triste meio necessário para reivindicar seu direito pela força no estado de natureza (onde não há nenhum tribunal que poderia julgar com força legal); onde nenhuma das duas partes pode ser declarada como um inimigo injusto (porque isso já pressupõe um veredito judicial), mas é o seu *desenrolar*[8] que decide (como / nos assim chamados juízos divinos[9]) de qual lado está o direito; entre Estados não se pode pensar, no entanto, nenhuma guerra punitiva (*bellum punitivum*) (porque, entre eles, não acontece nenhuma relação de um superior com um subordinado). — Disso se segue, pois, que uma guerra de extermínio na qual os dois lados podem encontrar simultaneamente a destruição – e com isso também todo o direito – permitiria

8:347

---

7. A intervenção de um Estado em outro, justificada com base em sua constituição defeituosa, daria origem a um problema maior, o qual Kant denomina *scandalum datum* [ofensa dada], pois coloca em risco a autonomia dos Estados soberanos.

8. Em sentido literal, a palavra alemã *"Ausschlag"* significa erupção. Na edição de Gregor para o inglês traduziu-se por "resultado [*outcome*]". Em francês, optou-se por "rumo dos eventos [*tournure des événements*]". Nas traduções para o português de Zingano e Morão, lemos "desfecho"; enquanto na de Guinsburg, "desenlace".

9. *Judicium Dei* era um tipo de prova judiciária utilizada na Idade Média para provar a culpa ou a inocência de um réu com base no comportamento dos elementos da natureza, que eram interpretados como juízos divinos. Um dos métodos mais utilizados era o da provação pelo fogo, em que o acusado precisava carregar uma peça de ferro incandescente ou caminhar pelo fogo. Sua inocência era provada se ele não apresentasse ferimentos depois da provação.

que a paz perpétua pudesse acontecer apenas no grande cemitério da espécie humana. Portanto uma guerra desse tipo, por conseguinte também o uso dos meios que conduzem a ela, deve ser absolutamente proibida. — No entanto que os mencionados meios conduzem inevitavelmente a ela se torna claro a partir do fato de que aquelas artes infernais, que são em si mesmas ignóbeis, quando chegam a ser usadas, não se mantêm por muito tempo dentro dos limites da guerra – como, por exemplo, o emprego de espiões (*uti exploratoribus*), onde se faz uso da desonestidade dos outros (que não pode ser erradicada de uma vez) – mas também se transferem para o estado de paz; e dessa forma se destruiria por completo o propósito [*Absicht*] da paz.

\* \* \*

Embora as leis citadas sejam objetivamente, isto é, na intenção dos detentores do poder, meras *leis proibitivas* (*leges prohibitivae*), algumas dessas leis são, contudo, de tipo *estrito* (*leges strictae*), sem distinção de circunstâncias, que exigem *imediatamente* uma supressão [*Abschaffung*] (como as n. 1, 5, 6), enquanto outras (como as n. 2, 3, 4), que certamente sem ser exceção da regra do direito, mas considerando o exercício dessa regra por meio das circunstâncias, estendem *subjetivamente* a sua autorização (*leges latae*) e contêm permissões para *adiar* a execução, sem contudo perder de vista o fim, de modo que esse adiamento, por exemplo, o na *restituição* da liberdade subtraída a certos Estados, segundo o n. 2, não seja suspenso para o dia de São Nunca (como costumava prometer Augusto, *ad calendas graecas*[10]) – a não restituição portanto –, mas permite o protelamento apenas para que a restituição não se precipite e aconteça de maneira contrária à própria intenção. Pois a proibição diz respeito aqui só ao *tipo de aquisição*, que não deve mais valer daqui para frente, mas não ao *estado de posse* [*Besitzstand*] que, embora não tenha decerto o título de direito exigido, foi considerado, contudo, em

---

10. "Às calendas gregas." Calendas era o primeiro dia de cada mês no calendário romano. Contudo, levando em conta a sua ausência no calendário grego, o termo "*ad kalendas graecas soluturos*" foi usado por Augusto, segundo o relato do escritor romano Suetônio em seu *Sobre as vidas dos césares*, para fazer referência a uma dívida que nunca seria paga.

seu tempo (no da aquisição putativa), segundo a opinião pública sustentada naquela época, legítimo por todos os Estados*.

* Até aqui se duvidou não sem razão se, além do mandamento (*leges praeceptivae*) e da proibição (*leges prohibitivae*), pode haver ainda *leis permissivas* da razão pura (*leges permissivae*). / Pois leis em geral contêm um fundamento de uma necessidade prática objetiva, enquanto a permissão contêm um fundamento de contingência prática para certas ações; por conseguinte uma *lei permissiva* conteria uma necessitação [*Nöthigung*] para uma ação para a qual ninguém poderia ser necessitado, o que seria uma contradição se o objeto da lei tivesse o mesmo sentido em ambos os casos. — Ora, mas aqui, na lei permissiva, a proibição prevista diz respeito apenas ao modo de aquisição futura de um direito (p. ex., por herança); no entanto, a liberação dessa proibição, isto é, a permissão, diz respeito ao estado de posse presente; este último, na passagem do estado de natureza para o civil, pode ainda persistir doravante, segundo uma lei permissiva do direito natural, como uma posse de boa-fé (*possessio putativa*), ainda que ilegítima, embora uma posse putativa – tão logo reconhecida como tal – seja proibida no estado de natureza, assim como um tipo semelhante de aquisição é proibido no estado civil subsequente (depois que aconteceu a transição); essa autorização de posse permanente não se sucederia se uma tal pretensa aquisição tivesse ocorrido no estado civil, pois nesse caso ela teria de cessar imediatamente, como lesão, depois da descoberta de sua ilegitimidade.

Eu só quis chamar eventualmente, com isso, a atenção dos professores do direito natural para o conceito de uma *lex permissiva*, que se apresenta por si só a uma razão sistemática e classificadora, uma vez especialmente nas leis civis (estatutárias) se faz, com frequência, o uso deste conceito apenas com a diferença de que a lei proibitiva se apresenta por si mesma; a permissão não é, no entanto, incutida naquela lei como condição limitante (como deve ser), mas é jogada para as exceções. — Isso quer dizer então: isto ou aquilo é proibido *com exceção* do número 1, 2, 3 e assim por diante de forma indefinida, pois as permissões são acrescentadas à lei só de modo contingente, não segundo um princípio, mas mediante um tatear entre casos que aconteceram; pois, caso contrário, as condições teriam de ser introduzidas *na fórmula da lei proibitiva* mediante a qual ela se tornaria então, ao mesmo tempo, uma lei permissiva. — Por isso é de se lamentar que a engenhosa, embora ainda insolúvel questão de concurso proposta pelo tanto sábio quanto perspicaz *Senhor Conde de Windischgrätz*[11], que insistia justamente nesse último ponto, tenha sido tão logo abandonada. Pois a possibilidade de uma fórmula tal (semelhante às fórmulas matemáticas) é a única genuína pedra angular de uma legislação que permanece consequente, sem a qual o assim chamado *ius certum* vai sempre permanecer um desejo piedoso. — De outro modo ter-se-ão meras *leis gerais* (que valem *em geral*), mas nenhuma lei universal (que vale *universalmente*) como, contudo, o conceito de lei parece exigir.

8:348

11. Josef Nikolaus Graf von Windisch-Graetz (1744-1802), político e filósofo vindo da Baviera, que em 1658 foi elevado ao posto de conde do Império Alemão. Em 1785, promoveu um concurso com o propósito de encontrar fórmulas contratuais não passíveis de dupla interpretação que pudessem resolver os litígios patrimoniais. Embora as academias de Berlim, Paris e Edimburgo o tenham anunciado, não houve nenhum candidato.

## SEGUNDA SEÇÃO,
## que contém os artigos definitivos para a paz perpétua entre Estados

/ 8:348

O estado de paz entre seres humanos que vivem próximos uns aos outros não é nenhum estado de natureza (*status naturalis*), que é, ao contrário, um estado de guerra, / isto é, um estado no qual, embora nem sempre haja uma eclosão das hostilidades, há sempre, contudo, uma ameaça constante de que elas eclodam. Ele deve ser, portanto, *instituído*, pois o deixar de fazer [*Unterlassung*] as hostilidades ainda não é nenhuma garantia de paz e sem que esta seja concedida por um vizinho a outro (o que, no entanto, só pode acontecer em um estado *legal*), este pode tratar aquele que tenha exigido essa segurança como um inimigo\*.

8:349

\*/ Comumente admite-se que não se pode comportar de maneira hostil contra alguém a não ser que ele já tenha de fato me lesado e isso está totalmente correto se ambos estão em um estado *civil legal*. Pois pelo fato de que este entrou no estado civil, ele concede àquele (mediante a autoridade que tem poder sobre ambos) a segurança exigida. — Mas o ser humano (ou o povo) em mero estado de natureza me tira essa segurança e já me lesa mediante este estado ao estar próximo a mim, embora não de fato *(facto),* mas através da ausência de lei do seu estado *(statu iniusto)* por meio do qual sou constantemente ameaçado por ele; e eu posso coagi-lo [*nöthigen*] ou a entrar comigo em um estado comum legal ou a deixar a minha vizinhança. Portanto o postulado que fundamenta todos os artigos seguintes é: todos os seres humanos que podem influenciar um ao outro reciprocamente devem pertencer a alguma constituição civil.

8:349

Toda constituição jurídica é, no entanto, no que diz respeito às pessoas que se encontram nela:
1) a de acordo com o *direito civil do Estado* [*Staatsbürgerrecht*] de seres humanos em um povo (*ius civitatis*),
2) de acordo com o *direito das gentes* [*Völkerrecht*] dos Estados em suas relações recíprocas (*ius gentium*)
3) a de acordo com o *direito cosmopolita* [*Weltbürgerrecht*], na medida em que seres humanos e Estados, estando externamente em relação de influência um com o outro, são considerados como cidadãos de um Estado universal da humanidade (*ius cosmopoliticum*). Essa divisão não é arbitrária, mas necessária em relação à ideia da paz perpétua. Pois se apenas um destes Estados estivesse em relação de influência física com o outro e, contudo, em estado de natureza, então estaria vinculado a isso o estado de guerra do qual é a intenção aqui justamente se livrar.

## Primeiro artigo definitivo para a paz perpétua

*A constituição civil de todo Estado deve ser republicana*

A constituição estabelecida, em primeiro lugar, de acordo com princípios da *liberdade* dos membros de uma sociedade (como seres humanos), em segundo lugar, de acordo com o princípio da *dependência* de todos de uma única legislação comum (como súditos) e, / em terceiro lugar, de acordo com a lei da *igualdade* entre eles (como cidadãos) – a única que resulta da ideia do contrato originário sobre a qual toda legislação jurídica de um povo deve ser fundada – é a *republicana\**. Esta é, portanto, no que diz respeito

---

\* Liberdade *jurídica* (por conseguinte externa) não pode ser definida, como geralmente se costuma fazer, como a autorização *[Befugniss]* de se fazer tudo o que se quiser, desde que simplesmente não se faça injustiça a alguém. O que, pois, significa *autorização*? A possibilidade de uma ação na medida em que não se faz por ela nada de injusto a alguém. Portanto a definição soaria assim: *liberdade é a possibilidade de ações por meio das quais não se faz nada de injusto a alguém*. Mas não fazer nada de injusto a alguém (podendo também fazer o que se quiser), desde que simplesmente não se faça nada de injusto a alguém é, consequentemente, uma tautologia vazia. — De outro modo minha liberdade externa (jurídica) deve se definir da seguinte maneira: é a autorização para não obedecer a nenhuma lei externa senão àquelas para as quais tenha dado o meu consentimento. — A *igualdade* externa (jurídica) em um Estado é então justamente aquela relação dos cidadãos segundo a qual ninguém pode obrigar *[verbinden]* juridicamente o outro a algo sem que se submeta ao mesmo tempo à lei pela qual *pode ser* também reciprocamente obrigado da mesma maneira. (Do princípio de dependência *jurídica* não é necessária nenhuma definição, uma vez que este já se encontra no conceito de uma constituição do Estado.) A validade desses direitos inatos e inalienáveis, pertencentes necessariamente à humanidade, é confirmada e realçada *[erhoben]* pelo princípio das relações jurídicas dos seres humanos mesmos para com seres superiores (se o ser humano os pensa), ao representar justamente a si mesmo, segundo os mesmos princípios, como cidadão de um mundo suprassensível. — Pois, no que diz respeito à minha liberdade, não tenho nenhuma obrigação, mesmo em relação às leis divinas conhecidas por mim pela simples razão, a não ser na medida em que eu mesmo tenha sido capaz de dar-lhes meu consentimento (pois é mediante as leis da liberdade de minha própria razão que faço primeiramente para mim um conceito da vontade divina). Em relação ao ser mais sublime do mundo que eu poderia pensar além de Deus (um grande *Eão*[12]), no que diz respeito ao princípio de igualdade, não há nenhuma razão para que, se cumpro meu dever em meu posto assim como o Eão no dele, eu simplesmente deva ter o dever de obedecer, enquanto

12. No gnosticismo, corrente filosófico-religiosa do primeiro século que se ocupava com a busca de um saber salvífico, o Eão é cada uma das entidades emanadas de Deus, em pares, que preenchem o espaço entre a divindade e a matéria.

ao direito, aquela que em si mesma originariamente fundamenta todos os tipos de constituição civil; e agora apenas surge a questão se ela também é a única que pode conduzir à paz perpétua.

/ Ora, mas a constituição republicana tem, além da pureza de sua origem – de ter surgido da fonte pura do conceito de direito – ainda o prospecto do resultado desejado, a saber, a paz perpétua; esta última é o fundamento daquela. — Se (como não pode deixar de ser nessa constituição) o consentimento do cidadão é exigido para decidir se deve haver guerra ou não, então nada é mais natural do que o fato de que pensarão bastante para começar um jogo *tão maléfico*, uma vez que eles teriam de decidir para si mesmos todas as atribulações da guerra (como estas: eles próprios combaterem, cobrir os custos da guerra a partir de seu próprio patrimônio; consertar sofrivelmente a devastação que ela deixa atrás de si e, finalmente, para cúmulo dos males, ainda assumir sobre si um endividamento que torna a paz mesma amarga e que nunca (devido a guerras sempre novas e mais próximas) pode ser ele mesmo quitado); em contrapartida, em uma constituição na qual o súdito não é cidadão – que, portanto, não é republicana – a guerra é a coisa mais certa do mundo, uma vez que o chefe supremo não é um membro do Estado, mas seu proprietário; pela guerra, ele não perde o mínimo de seus banquetes, caçadas, palácios luxuriosos, festas da corte, e assim por diante, e pode, portanto, tomar sua de-

8:351

---

aquele o direito de mandar. — A razão pela qual esse princípio da *igualdade* (assim como o da liberdade) não convém à relação com Deus, é porque Deus é o único Ser no qual cessa o conceito de dever.
Mas, no que diz respeito ao direito de igualdade de todos os cidadãos como súditos, a resposta da questão sobre a admissibilidade da / *nobreza hereditária* depende se a *posição* (de um súdito diante do outro) concedida pelo Estado deve preceder o *mérito* ou se este deve preceder àquela. Ora, é evidente que se a posição está ligada ao nascimento, é totalmente incerto se o mérito (habilidade e fidelidade de ofício) também seguirá; por conseguinte é precisamente tanto como se ela (ser o detentor do poder) fosse concedida ao beneficiário sem qualquer mérito, o que a vontade universal do povo nunca aprovará em um contrato originário (que, afinal, é o princípio de todos os direitos). Pois um homem da nobreza não é, imediatamente por isso, um homem *nobre*. — No que diz respeito à *nobreza de ofício* (como se poderia chamar a posição de uma magistratura superior e que deve se adquirir por méritos), então aí a posição não se fixa como propriedade à pessoa, mas como posto, e a igualdade não é violada dessa forma, uma vez que, se ela renuncia ao seu cargo, deixa a posição e retorna ao povo.

8:351

cisão, por causas insignificantes, como um tipo de jogo prazeroso e deixar, indiferentemente, devido ao decoro, a justificação da guerra para o corpo diplomático, que sempre está preparado para ela.

\* \* \*

Para não se confundir a constituição republicana (como acontece normalmente) com a democrática, tem de ser observado o seguinte. / As formas de um Estado (*civitas*) podem ser divididas ou de acordo com a distinção das pessoas que possuem o poder supremo do Estado internamente ou de acordo com o *modo de governo* do povo por seu chefe supremo, independentemente de quem este possa ser; a primeira se denomina propriamente a forma da *soberania* (*forma imperii*) e há apenas três maneiras possíveis, a saber, onde ou apenas *um*, ou *alguns* ligados entre si ou *todos*, que constituem juntos a sociedade civil, possuem o poder soberano (*autocracia, aristocracia* e *democracia*, o poder do príncipe, o poder da nobreza e o poder do povo). A segunda é a forma de governo (*forma regiminis*) e diz respeito ao modo, baseado na constituição [*Constitution*] (o ato da vontade geral pelo qual a multidão torna-se povo), como o Estado faz uso da plenitude de seu poder e, nesse sentido, é *republicana* ou *despótica*. O *republicanismo* é o princípio político de separação do poder executivo (o governo) do legislativo; o despotismo é o da execução arbitrária pelo Estado de leis que ele mesmo deu a si; por conseguinte a vontade pública é tratada pelo soberano como a sua vontade particular. — Entre as três formas do Estado, a da democracia, no sentido próprio do termo, é necessariamente um *despotismo*, porque funda um poder executivo no qual todos decidem sobre e, em último caso, contra *um* (que, portanto, não dá seu consentimento); por conseguinte todos – que, contudo, não são todos – tomam a decisão, o que é uma contradição da vontade geral consigo mesma e com a liberdade.

Isto é, toda forma de governo que não seja *representativa* é propriamente uma *não forma*, uma vez que o legislador não pode ser em uma única e mesma pessoa, ao mesmo tempo, executor de sua vontade (assim como o universal da premissa maior em um silogismo também não pode ser, ao mesmo tempo, a subsunção do particular sob o universal na premissa menor) e embora as duas outras constituições do Estado sejam sempre defeituosas na medida em que dão espaço para *tal* modo de governo, contudo, nelas ao menos é possível que adotem um modo de governo em conformidade ao *espírito* de um sistema representativo, como por exemplo Frederico II[13] ao pelo menos *dizer* que é meramente o servidor máximo do Estado *, enquanto, em contrapartida, a constituição democrática / torna isso impossível porque nela todos querem ser o senhor. — Pode-se dizer por isso: quanto menor é o pessoal do poder do Estado (o número dos dirigentes), quanto maior é por outro lado a sua representação e tanto mais a constituição do Estado está de acordo com a possibilidade do republicanismo e pode esperar se elevar finalmente a ele por meio de reformas graduais. Por esta razão já é mais difícil na aristocracia do que na monarquia alcançar esta única e perfeita constituição jurídica, enquanto na democracia é impossível a não ser por meio de uma revolução violenta. O modo de governo**, no

8:353

---

13. Frederico II (1712-1786), também conhecido como Frederico o Grande, foi o governante da Prússia de 1740 a 1786. Ao referir-se ao "primeiro servidor do Estado", Kant faz alusão a uma recorrente autodeclaração de Frederico II apresentada pela primeira vez em um escrito editado por Voltaire que o rei publicara em 1740 com o título *Antimaquiavel – A refutação de O Príncipe de Maquiavel*.

\* Muitas vezes se censurou as altas denominações que com frequência são atribuídas a um soberano (as de ungido de Deus, de administrador da vontade divina na terra e de seu representante) como adulações grosseiras e enganadoras, mas isso parece-me sem fundamento. — Essas denominações, longe de tornar o governante / de um país arrogante, devem ao contrário humilhá-lo em sua alma, se ele possui entendimento (o que tem, contudo, de se pressupor), e o levar a refletir que assumiu um cargo que é grande demais para um ser humano, a saber, administrar o que de mais sagrado Deus tem na terra, o *direito dos seres humanos*, e ele tem de estar sempre preocupado de estar demasiadamente próximo a essa menina dos olhos [*Augapfel*] de Deus.

8:353

\*\* Mallet du Pan[14] vangloria-se, em sua linguagem de tom genial, embora oca e vazia, de ter finalmente alcançado a convicção, depois de muitos anos de experiência, da veracidade do conhecido dito de Pope[15]: "deixem os tolos

14. Jacques Mallet Du Pan (1749-1800), jornalista franco-suíço que dirigiu em 1788 a seção política do periódico *Mercure de France* que se posicionou contra a Revolução Francesa.

15. Alexander Pope (1688-1744), poeta e filósofo inglês. Escreveu o *Ensaio sobre o Homem*. Certamente um dos poetas mais admirados por Kant. Observamos o engajamento de Kant com Pope desde as suas mais longínquas *Reflexões de metafísica* situadas entre 1753 e 1754 (AA 17:229-239) e também nas epígrafes de sua cosmogonia de 1755, *História natural universal e teoria do céu*. Essa citação está na Epístola III, 303-304 (Londres, 1734).

entanto, é, sem comparação, de mais interesse ao povo do que a forma do Estado (embora esta também dependa bastante de sua maior ou menor adequação àquele fim). Ao modo de governo, no entanto – se este tem de estar em conformidade com o conceito de direito – pertence o sistema representativo, único no qual um modo de governo republicano é possível e sem o qual ele é despótico e violento (independentemente de qual seja a constituição). — Nenhuma das assim chamadas repúblicas antigas conheceram tal sistema e por isso também tiveram de se dissolver absolutamente no despotismo, que, sob a supremacia de um único indivíduo, é ainda o mais suportável de todos os tipos de despotismo[17].

/
## Segundo artigo definitivo para a paz perpétua

*O direito das gentes deve ser fundado em um federalismo de Estados livres*

Os povos, como Estados, podem ser considerados como indivíduos particulares, que em seu estado de natureza (*i. é.*, na independência de leis externas) já se lesam por estarem próximos uns aos outros e cada um, por causa de sua segurança, pode

---

brigarem sobre o melhor governo; o mais bem governado [*bestgeführte*] é o melhor". Se isso quer dizer que o governo mais bem governado é o que melhor governa, então Pope, segundo a expressão de Schwift, quebrou uma noz que o recompensou com um verme; mas se deve significar que o governo mais bem governado é também o melhor modo de governo, isto é, a melhor constituição de um Estado, é completamente falso, pois exemplos de bons governos nada provam em relação ao modo de governo. — Quem governou melhor do que *Tito* ou *Marco Aurélio* e, contudo, um deles deixou, como sucessor, *Domiciano* e o outro *Cômodo*[16], algo que não poderia ter acontecido com uma boa constituição do Estado, uma vez que a inaptidão deles para esse posto foi conhecida cedo o suficiente e o poder do imperador também era suficiente para excluí-los.

16. Todos foram imperadores de Roma, mas enquanto os primeiros foram considerados governantes sábios, beneficentes e bem-sucedidos, os últimos, seus sucessores, ficaram conhecidos não por sua habilidade política ou sabedoria, mas por sua crueldade.

17. Mais uma vez Kant se refere, mesmo que de forma indireta, negativamente à democracia, que enquanto um despotismo de muitos, seria ainda menos adequada do que a autocracia/tirania, o despotismo de um só.

e deve exigir ao outro entrar com ele em uma constituição semelhante à constituição civil na qual cada um pode ser assegurado de seu direito. Isso seria uma *liga de povos* [*Völkerbund*][18] que, no entanto, não deveria ser um Estado de povos. Pois[19] isso seria uma contradição porque todo Estado contém a relação de um *superior* (legislador) com um *inferior* (o obediente, a saber, o povo). Mas muitos povos em um Estado constituiriam apenas um povo, o que contradiz a pressuposição (uma vez que temos de considerar aqui o *direito dos povos* [*Recht der Völker*] em relação uns aos outros na medida em que constituem muitos Estados diferentes e não se fundem em um Estado)[20].

Assim como olhamos agora com profundo desprezo o apego dos selvagens à sua liberdade sem lei, de preferir lutar incessantemente do que se submeter a uma coerção legal constituída por eles mesmos, preferindo por conseguinte uma liberdade incomensurável à racional e consideramos isso como rudeza [*Rohigkeit*][21], falta de polimento e degradação animal da humanidade, então dever-se-ia pensar que os povos civilizados (cada um unido em um Estado) teriam de se apressar a sair o quanto antes de um estado tão deplorável: mas, em vez disso, cada *Estado* coloca sua majestade[22] (pois majestade do povo é uma expressão absurda) justamente no fato de não ser de modo algum submetido a qualquer coerção legal externa e o esplendor de seu chefe supremo consiste no fato de que, sem que ele mesmo possa se colocar em perigo, milhares de pessoas estão à sua disposição para se

---

18. Na tradução de Gregor para a língua inglesa lemos *"league of nations"*. A tradução de Muñoz para o castelhano optou por *"federación de pueblos"*, enquanto Poirier e Proust para o francês tomaram por opção *"alliance des peuples"*. Para o português, lemos em Morão e em Guinsburg "federação de povos" e em Zingano, mais literalmente, "liga de povos". Optamos, nesse caso, pela literalidade.

19. Para melhor adequação da frase, preferiu-se substituir "mas [*aber*]" por "pois".

20. Cf. o contraste com a sétima proposição da *Ideia de uma história universal do ponto de vista cosmopolita* (AA 13:24-25).

21. Em inglês, o termo foi adjetivado, sendo traduzido por *"barbarous... degrading"*. Por sua vez, em francês, optou-se por *"Grossièreté"*, enquanto em castelhano por *"barbarie"*. Em português, Zingano, Morão e Guinsburg traduziram respectivamente por "estado bruto", "barbárie" e "grosseria".

22. O termo alemão *"Majestät"* foi adaptado para *"soberanía"* e "soberania" na tradução espanhola de Muñoz e na portuguesa de Morão.

deixar sacrificar por um assunto que não lhes diz respeito\*; e a distinção dos selvagens europeus dos americanos consiste de maneira geral no fato de que, visto que muitas tribos americanas foram completamente devoradas por seus inimigos, as tribos europeias sabem fazer melhor uso dos derrotados do que os devorando e preferem aumentar assim o número de seus / súditos e por conseguinte também, por meio deles, os instrumentos para guerras ainda mais vastas. Com a malignidade [*Bösartigkeit*][23] da natureza humana que pode ser vista de maneira manifesta na relação livre dos povos (ao passo que ela se disfarça bastante no estado civil legal devido a coerção do governo), é, contudo, de se surpreender que a palavra *direito* não tenha ainda podido ser totalmente banida da política da guerra como pedante e que nenhum Estado tenha ousado se declarar publicamente a favor dessa última opinião; pois ainda são sempre candidamente citados *Hugo Grócio*[24], *Pufendorf*[25], *Vattel*[26] e outros (apenas fastidio-

---

\* Então um príncipe búlgaro deu a seguinte resposta ao imperador grego que queria resolver candidamente seu conflito com ele por meio de um duelo: "um ferreiro que tem um alicate não vai tirar o ferro quente do carvão com suas próprias mãos".

23. Embora o termo possa ser traduzido simplesmente por maldade, como se observa nas traduções para a língua portuguesa e espanhola, aqui optou-se por um termo mais técnico tendo em vista a distinção dos tipos de males propostos no escrito de 1793, *A religião nos limites da simples razão*. Nesse sentido parecem também ter se orientado as traduções inglesa e francesa que respectivamente verteram o termo por "*malevolence*" e "*malignité*".

24. Hugo Grócio (1583-1645), poeta, jurista e filósofo holandês, conhecido por inaugurar a era moderna do direito natural com o seu famoso *Do direito de guerra e de paz* de 1625, no qual defende os princípios da guerra justa. Como ele compreende, respeitando certos limites, a guerra pode ser considerada um meio para se obter um direito. Kant está certamente lhe fazendo uma referência no 6º dos artigos preliminares (AA 13:346). Ao mesmo tempo, Grócio também apresenta alguns artifícios para a resolução dos conflitos de forma pacífica, dentre os quais estão a conferência e o acordo.

25. Samuel Pufendorf (1632-1694), historiador, jurista e filósofo alemão, é considerado o mais conhecido dos teóricos do direito natural de seu tempo. Tornou-se conhecido principalmente pela publicação de *Do direito natural e das gentes*, de 1672, e pelo manual universitário *Dos deveres do homem e do cidadão* de 1673. Foi mais sistemático do que Grócio no estabelecimento de uma doutrina do direito natural.

26. Emmerich de Vattel (1714-1767) foi um diplomata, jurista e filósofo suíço. Admitindo a influência dos filósofos juristas alemães Gottfried Leibniz e Christian Wolff, Vattel defendeu em sua obra mais conhecida, *O direito das gentes ou Princípios da lei natural aplicados ao comportamento e aos negócios das nações e dos soberanos*, de 1758, tanto a independência dos Estados quanto a ideia de uma comunidade de povos não propriamente na forma de uma república universal de caráter jurídico, mas no sentido de uma comunidade moral.

sos consoladores) para a *justificação* de um ataque de guerra – embora seu código, filosófico ou diplomaticamente composto, não tenha a menor força *legal* e nem possa tê-la (porque Estados como tais não se encontram sob uma coerção externa comum) – ainda que não haja nenhum exemplo de que um Estado tenha, alguma vez, sido movido a abandonar seu plano pelos argumentos munidos pelo testemunho de homens tão importantes. — Essa homenagem que todo Estado presta ao conceito de direito (pelo menos segundo palavras) demonstra, contudo, que é para ser encontrada no ser humano ainda uma grande, embora momentaneamente dormente, predisposição [*Anlage*] moral para se tornar, entretanto, mestre do princípio mau que o habita (que ele não pode negar) e também para esperar isso dos outros, pois caso contrário a palavra *direito* nunca chegaria à boca de Estados que querem guerrear uns com os outros, a menos simplesmente para tirar sarro com ela, como aquele príncipe gaulês que a definia: "É a vantagem que a natureza deu ao mais forte sobre o mais fraco de modo que este deva obedecê-lo".

Visto que a maneira como os Estados perseguem seu direito nunca pode ser, como em um tribunal externo, o processo, mas somente a guerra – e de seu resultado favorável, a *vitória* – por meio da qual o direito não é, no entanto, decidido e que pelo *tratado de paz* é, decerto, dado um fim a uma guerra presente, mas não ao estado de guerra (de sempre encontrar um novo pretexto para ela, a qual também não se pode declarar imediatamente injusta, porque nesse estado cada um é o juiz em seus próprios assuntos) e considerando não obstante que não pode valer para os Estados segundo o direito das gentes, o que vale para os seres humanos no estado sem lei segundo o direito natural – "dever sair desse estado" (porque eles, enquanto Estados, já possuem internamente uma constituição jurídica e, portanto, estão subtraídos à coerção dos outros de trazê-los, segundo seus conceitos de direito, sob / uma constituição legal estendida) – e, no entanto, visto que a razão, de cima do trono do supremo poder legislativo moral, condena absolutamente a guerra como via de direito e torna em contrapartida o estado de paz um dever imediato que, contudo, não pode se instituir e nem ser assegurado sem um contrato dos povos entre si – então deve haver uma *liga* de tipo especial que

8:356

pode ser denominada *liga de paz* [*Friedensbund*] (*foedus pacificum*) que se distinguiria do *contrato de paz* (*pactum pacis*) pelo fato de que este buscaria acabar simplesmente com *uma* guerra, enquanto aquela buscaria terminar com *todas* as guerras para sempre. Essa liga não se propõe à aquisição de qualquer poder do Estado, mas tão somente à conservação e à garantia da *liberdade* de um Estado para si mesmo e, ao mesmo tempo, de outros Estados vinculados sem que estes, contudo, se submetam por isso (assim como seres humanos no estado de natureza) a leis públicas e a sua coerção. — A exequibilidade (realidade objetiva) dessa ideia de *federalidade*, que deve se estender progressivamente a todos os Estados e então conduzir à paz perpétua, é concebível. Pois se a fortuna faz com que um povo poderoso e esclarecido possa se formar em uma república (que, por sua natureza, deve se inclinar à paz perpétua), essa república dá um centro à união federativa para que os outros Estados se juntem a esta última e para assegurar então o estado de liberdade dos Estados, em conformidade à ideia de direito das gentes, e expandir-se sempre gradualmente por meio de mais alianças desse tipo.

É de se compreender que um povo diga: "não deve haver nenhuma guerra entre nós, pois queremos nos formar em um Estado, isto é, queremos estabelecer para nós mesmos um supremo poder legislativo, executivo e judiciário que concilie pacificamente os nossos conflitos". Mas se esse Estado diz – "não deve haver nenhuma guerra entre mim e outros Estados, embora eu não reconheça nenhum poder legislativo superior que assegure a mim o meu direito e pelo qual asseguro o seu" – de modo algum é possível compreender sobre o que quero fundar a confiança no meu direito se não há o substituto da liga da sociedade [*Gesellschaftbundes*] civil[27], a saber, o federalismo livre, que a razão deve ligar necessariamente com o conceito de direito das gentes, se é que, de um modo geral, resta algo para se pensar sobre este último.

Do conceito de direito das gentes, enquanto um direito *para* guerra, não é possível pensar propriamente nada em absoluto

---

27. Em suas traduções para o português, Guinsburg opta por "pacto social civil" enquanto Morão por "federação das sociedades civis". Para o inglês, lemos "*civil social union*" e, em francês, "*alliance sociale civique*".

(porque haveria aí um direito para determinar o que é correto não segundo leis externas universalmente válidas que limitam a liberdade de cada indivíduo, / mas pela força segundo máximas unilaterais), pois teria de se entender com este conceito que acontece o que é completamente justo aos seres humanos, que estão dispostos nesse sentido, se eles aniquilam uns aos outros e então encontram a paz perpétua na vasta tumba que, junto aos seus autores, encobre todos os horrores da violência. — Aos Estados, em sua relação recíproca, não pode ser concedido nenhum outro meio, segundo a razão, de saírem do estado sem lei, que não contém nada além da guerra, do que se acomodar a leis coercitivas públicas – assim como os seres humanos individuais renunciam a sua liberdade (sem lei) – e então formar um (sempre de fato crescente) *Estado de povos* (*civitas gentium*) que abarcaria em última instância todos os povos da terra. Mas uma vez que, de acordo com sua ideia de direito das gentes, eles não querem isto e, por conseguinte, rejeitam *in hypothesi* o que é correto *in thesi*, então no lugar da ideia positiva *de uma república mundial* (se não é para se pôr tudo a perder) apenas o substituto *negativo* de uma *liga* permanente e sempre expansiva, que evite a guerra, é capaz de conter o fluxo de inclinação hostil e contrária ao direito, mesmo com o perigo constante de sua irrupção. *Furor impius intus – fremit horridus ore cruento*[28] (Virgílio)*.

8:357

---

28. "Um ímpio furor ferve interiormente, horrível, em sua boca sangrenta". Trata-se de uma parte do seguinte verso da Eneida traduzido aqui de outra maneira: "os terríveis portões do Castelo da Guerra serão trancados com traves e ferros ingentes, e dentro o ímpio Furor, assentado sobre armas fatais, amarradas as mãos nas costas, a boca a espumar só de sangue, esbraveja" (livro I, verso 293-296. Trad. de Carlos Alberto Nunes).

* Depois de uma guerra terminar, na conclusão da paz, provavelmente não seria impróprio para um povo que fosse anunciado, após as festas de ação de graças, um dia de penitência para, em nome do Estado, rogar aos céus por misericórdia pelo grande pecado do qual o gênero humano continua sempre a ser culpado ao não querer se conformar a nenhuma constituição legal na relação com outros povos, mas por preferir, orgulhoso de sua independência, fazer uso do meio bárbaro da guerra (pelo qual não se decide aquilo que, contudo, é pleiteado, a saber, o direito de cada Estado). As festas de ação de graças durante a guerra por uma vitória alcançada, os hinos que são cantados ao senhor dos exércitos (ao bom modo israelita), estão em contraste não menos forte com a ideia moral do pai dos seres humanos, porque, além da indiferença em relação ao modo como os povos buscam seus direitos recíprocos (que é triste em demasia), elas ainda trazem alguma alegria pela aniquilação de muitos seres humanos ou de sua felicidade.

## Terceiro artigo definitivo para a paz perpétua

***"O direito cosmopolita deve ser limitado às condições da hospitalidade universal"***

Aqui, como nos artigos precedentes, estamos falando não de filantropia, mas de *direito* e, nesse caso, *hospitalidade* significa / o direito de um estrangeiro, por ocasião de sua chegada ao solo de outro, de não ser tratado de maneira hostil. Este pode mandá-lo embora, se isso puder ocorrer sem a sua ruína, mas enquanto ele se comportar pacificamente em sua posição, não pode ser tratado de maneira hostil. Não existe nenhum *direito de hóspede* pelo qual se possa fazer essa reivindicação (seria exigido para isso um contrato beneficente especial para torná-lo por um certo tempo um hóspede), mas há um direito à visita, que diz respeito a todos os seres humanos, de se apresentar à sociedade, em virtude do direito de posse comum à superfície da Terra sobre a qual, como superfície esférica, eles não podem se dispersar infinitamente, mas têm enfim de tolerar uns próximos aos outros, pois[29] originariamente ninguém tem mais direito do que o outro de estar em um lugar da Terra. — Partes inabitáveis dessa superfície, o mar e o deserto, separam essa comunidade, mas de tal maneira que o *navio* ou o *camelo* (o *navio* do deserto) tornam possível que seres humanos se aproximem uns dos outros por cima destas regiões sem dono e utilizem o direito à *superfície*, que diz respeito à espécie humana de maneira comum, para um possível intercurso. A inospitabilidade das costas marítimas (p. ex. das costas barbarescas[30]) em roubar navios em mares próximos ou em escravizar os marinheiros encalhados, ou a inospitalidade dos desertos

8:358

---

29. Para melhor adequação da sentença, optou-se por substituir "mas [*aber*]" por "pois".
30. Costa Barbaresca ou Berbéria é como, entre os séculos XVI e XIX, eram conhecidas as costas das regiões de Marrocos, Argélia, Tunísia e Líbia, povoadas em grande medida pela população moura ou berbere. Os piratas que apareceram nessas costas, conhecidos como barbarescos, promoviam ataques às frotas cristãs que percorriam as rotas do mediterrâneo.

(dos beduínos árabes[31]) em considerar a proximidade às tribos nômades como um direito de saqueá-las, é portanto contrária ao direito natural; o direito à hospitalidade, isto é, a autorização dos estrangeiros recém-chegados, não se estende, contudo, para além das condições de possibilidade de *tentar* um intercurso com os velhos habitantes. — Dessa maneira partes distantes do mundo entram pacificamente em relações umas com as outras, que em última instância tornam-se públicas e legais e assim o gênero humano pode se aproximar finalmente de uma constituição cosmopolita.

Se se compara com isso a conduta *inospitaleira* de Estados civilizados de nossa parte do mundo, em especial dos Estados comerciantes, a injustiça que eles demonstram *na visita* a países estrangeiros e povos (que vale para eles como o mesmo que *conquistá-los*) vai além do abominável. América, os países negros, as ilhas das especiarias, o Cabo etc., eram para eles, depois de sua descoberta, países que não pertenciam a ninguém, pois seus habitantes contavam como nada. Nas Índias Orientais (Hindustão), eles introduziram tropas estrangeiras, sob o pretexto de meros estabelecimentos comerciais pretendidos[32], mas com elas a opressão / dos nativos, a incitação dos seus diversos Estados a guerras amplamente estendidas, fome, rebelião, deslealdade e a ladainha de todos os males que oprimem o gênero humano.

8:359

---

31. Os beduínos, que em árabe significa "povo do deserto", são um povo nômade originário da Península Arábica que posteriormente, a partir do século VII, expandiu-se pelo norte da África. Sabe-se que na Arábia, devido às difíceis condições de vida no deserto, houve conflitos por recursos tais como poços de água e pastagens, o que levou grupos de beduínos a realizarem eventuais ataques a excursões, bem como outras formas de pilhagens contra vizinhos e estrangeiros.

32. A chegada em 1458 de Vasco da Gama na costa ocidental do Hindustão é considerada o marco inicial de uma relação comercial entre Portugal e Índia. Em 1510, Afonso de Albuquerque conquistou a região de Goa, estabelecendo a capital do Estado Português da Índia. Porém, Kant parece se referir aqui a uma série de acontecimentos que tomariam lugar a partir do início do século XVIII com a instalação de postos comerciais nas regiões costeiras do país pelas companhias europeias. A predominância da *Companhia Britânica das Índias Orientais* no controle dos mares, no treinamento militar e na tecnologia acabaram por promover a expansão militar na região, com o apoio de uma parcela da elite indiana, o que permitiu que a *Companhia* ganhasse o controle sobre a região de Bengala em 1765 e um controle posterior da maior parte do subcontinente indiano.

China* e Japão (*Nipão*), que já tinham feito a tentativa com tais hóspedes, permitiram de uma maneira sábia, no caso da

* Para escrever esse grande reino com o nome pelo qual ele mesmo se denomina (a saber, *China*, não Sina ou um som parecido com este), pode-se consultar o *Alphab. Tibet.*, de Georgius[33], p. 651-654, especialmente a *nota b*. — Propriamente não há, de acordo com a observação do Prof. Fischer[34] de Petersburgo, nenhum nome determinado pelo qual esse país denomina a si mesmo; o mais comum é ainda o expresso na palavra *Kin*, a saber, ouro (que os tibetanos expressam com *Ser*); por isso o imperador (do país mais magnífico do mundo) é chamado Rei do *Ouro*; essa palavra provavelmente soa, no próprio reino, como *Chin*, mas pode ter sido pronunciada como *Kin* pelos missionários italianos (por causa da letra gutural). — Daí se vê então que o País dos *Seres*, assim chamado pelos romanos, era a China, mas a seda era trazida à Europa pelo *Grande Tibete* (supostamente através do *Pequeno Tibete* e de Bucara sobre a Pérsia e assim por diante), o que leva a algumas considerações sobre a antiguidade desse surpreendente Estado em comparação com o do Hindustão, em sua ligação com o *Tibete* e, por meio deste, com o Japão; entretanto o nome China ou Tschina, que os vizinhos deviam dar a este país, nada indica. — Talvez seja possível explicar também o antiquíssimo, embora nunca bem conhecido, intercâmbio da Europa com o Tibete, a partir do que Hesíquio[35] nos conservou disso, a saber, a partir do grito dos hierofantes Κονξ Ομπαξ (*Konx Ompax*) nos mistérios de Elêusis (cf. *Viagem do jovem Anacársis*, 5ª parte, p. 447s.)[36]. — Pois, de acordo com o *Alphab. Tibet.* de Georgius [360], a palavra *Concioa* significa *Deus*, que tem uma notável similaridade com a de *Konx*, *Pah cio* (ibid., p. 520), que poderia ser pronunciada facilmente pelos gregos como *pax* – que significa *promulgator legis* – a divindade repartida por toda a natureza (chamada também *Cencresi*, p. 177). – Mas *Om*, que La Croze[37] traduz por *benedictus, bendito*, não pode significar, aplicado à divindade, outra coisa do que o *bem-aventurado* (p. 507). Ora, visto que Frei Franz Horatius, que perguntou repetidas vezes aos *Lamas* tibetanos o que entendiam por Deus (*Concioa*), sempre recebeu a resposta – "*é a reunião de todos os santos*" (*i. e*, dos bem-aventurados que, mediante o renascimento lamaísta, após muitas transmigrações por todos os tipos de corpos, finalmente regressam à divindade como *Burchane*, isto é, seres dignos de serem adorados, almas transformadas;

33. Antonio Agostino Giorgi (1711-1797), orientalista e bibliotecário italiano, publicou em 1762 o *Alfabeto tibetano* em virtude das missões apostólicas no Tibete, com detalhes etimológicos, culturais e doxográficos. Trata-se de um dicionário latim-tibetano baseado parcialmente no trabalho de Francesco Orazio.
34. Johann Eberhard Fischer (1697-1771), historiador e arqueólogo, que esteve na segunda expedição à Kamchatka, grande península localizada na região oriental da Rússia.
35. Hesíquio de Alexandria (séc. V), gramático e lexicógrafo que compilou o mais rico dicionário de palavras gregas pouco usuais conservado até os dias de hoje.
36. Jean Jacques Barthélemy (1716-1795), eclesiástico, escritor e arqueólogo francês, escreveu o notório *Viagem do jovem Anacársis pela Grécia em meados do século IV antes da era vulgar*, cuja tradução alemã foi publicada em 1793, livro no qual apresenta uma narrativa da vida do homem grego antigo.
37. Mathurin Veyssière de La Croze (1661-1739), monge beneditino francês e historiador. Depois de convertido ao protestantismo, tornou-se bibliotecário real e professor na Universidade de Berlim.

China, o acesso, mas não a entrada e, no caso do Japão, apenas o acesso de um único povo europeu, os holandeses, que contudo eles excluem, tal como prisioneiros, da comunidade com os nativos[39]. O pior de tudo isso (ou, a considerar do ponto de vista de um juiz moral, o melhor) é que tais Estados nem mesmo se comprazem dessa violência, que todas essas companhias comerciais estão no ponto de um colapso próximo, que as ilhas de açúcar – esta sede da mais cruel e excogitada escravidão – não obtém nenhum lucro verdadeiro, mas servem apenas para um propósito indireto e decerto não muito louvável, a saber, a formação de marinheiros para frotas de guerra e, por sua vez, portanto, para a condução das guerras na Europa, e isto tudo para potências que fazem muito alarde pela piedade e querem, enquanto bebem da injustiça como água, ser consideradas como eleitas na ortodoxia.

/ Uma vez que agora, com o estabelecimento consistente de uma comunidade (mais estrita ou mais ampla) entre os povos da Terra, chegou-se tão longe que a violação do direito em *um* lugar da Terra é sentida em *todos*, então a ideia de um direito cosmopolita não é um modo fantástico e exagerado de representação do direito, mas um complemento necessário do código não escrito, tanto do direito do Estado quanto do direito das gentes, para o direito público dos seres humanos e assim para a paz perpétua da qual, apenas sob essa condição, podemos nos lisonjear de nos encontrarmos em uma contínua aproximação.

8:360

---

p. 223) – então aquela misteriosa palavra *Konx Ompax* deverá significar *sagrado* (*Konx*), *bem-aventurado* (*Om*) e *sábio* (*Pax*), o Ser supremo difundido por todo o mundo em geral (a natureza personificada) e estas palavras, utilizadas nos *mistérios* gregos, significaram provavelmente o *monoteísmo* para os epoptas em oposição ao *politeísmo* do povo, embora Frei Horatius[38] tenha suspeitado de um ateísmo por trás disso. — Como, no entanto, aquela palavra misteriosa chegou do Tibete aos gregos se pode explicar da maneira acima e, inversamente, torna provável também, dessa forma, o trânsito inicial da Europa com a China pelo Tibete (talvez mesmo antes do que com o Hindustão).

38. Francisco Orazio de La Penna (1680-1747), frade capuchinho e missionário que viveu no Tibete de 1716 a 1732.

39. Na verdade, os portugueses foram os primeiros a aportar no Japão em 1543, em um período chamado de comércio *Nanban* (bárbaros do Sul), mas foram mandados embora no período entre 1637 e 1641 depois da promulgação de um edito de exclusão (*Sakoku*). Por motivos estritamente religiosos e devido ao problema do tráfico de seres humanos, depois disso, apenas a China e a Companhia Holandesa das Índias Orientais mantiveram relações comerciais com o Japão, relações essas que se restringiam ao Porto de Dejima em Nagasaki. O isolacionismo japonês só foi quebrado pelo advento da industrialização em meados do séc. XIX.

## SUPLEMENTO PRIMEIRO
## Da garantia da paz perpétua

O que presta essa *garantia* é nada menos do que a grande artista, a *natureza* (*natura daedala rerum*[40]), de cujo curso mecânico irradia visivelmente uma conformidade a fins com propósito de permitir que, através da discórdia dos seres humanos, surja a concórdia mesmo contra a sua vontade e, por isso, ela é chamada *destino*, enquanto necessitação [*Nöthigung*][41] / por uma causa desconhecida a nós segundo suas leis de atuação, mas é chamada *providência* *, considerando a sua conformidade

---

40. "Natureza inventora das coisas", uma referência a "Sobre a natureza das coisas" de Lucrécio (Livro 5; 234).

41. Nas traduções para o português lemos "compulsão" em Morão, "necessidade" em Zingano e "resultante necessária" em Guinsburg. Considerando que o termo alemão "*Nötigung*" tem como correspondente latino "*necessitatio*", optamos por uma tradução mais literal.

* No mecanismo da natureza, ao qual o ser humano pertence (como ser sensível), já se revela subjacente uma forma como fundamento de sua existência que não podemos conceber de outro modo senão a subordinando ao fim de um Autor do mundo que a determina previamente; esta predeterminação chamamos *providência* (divina) em geral e, na medida em que está colocada no começo do mundo, a chamamos providência *fundadora (providentia conditrix; semel iussit, semper parent*[42], Agostinho); no entanto, estando no curso da natureza, para conservá-la de acordo com leis universais de conformidade a fins, a chamamos *providência governante;* ademais, para fins particulares não previsíveis ao ser humano, mas presumidos tão somente a partir do resultado, a chamamos *providência diretiva (providentia diretrix);* e, finalmente, em vista de acontecimentos isolados como fins divinos, chamamos não mais providência, mas direção [*Fügung*] (*directio extraordinaria*); no entanto (já que ela indica de fato um milagre, muito embora estes acontecimentos não sejam chamados assim) querer conhecê-la como tal é uma tola presunção do ser humano, porque inferir de um acontecimento isolado um princípio particular das causas eficientes (que este acontecimento é o fim e não um mero efeito colateral do mecanismo natural a partir de um outro fim completamente desconhecido para nós) é absurdo e total presunção por mais pie-

42. "providência fundadora; ordenou uma só vez, sempre obedecem". Essa citação, no entanto, não deve ser atribuída a Agostinho, mas a Sêneca em seu primeiro diálogo de seu tratado *Sobre a Providência*.

a fins no curso do mundo como a profunda sabedoria de uma causa suprema dirigida pelo fim término objetivo do gênero humano e predeterminando, enquanto causa, este curso do mundo, / causa esta que, decerto, propriamente, não *conhecemos*

doso e humilde que possa soar o discurso a esse respeito. Assim também a divisão da providência (considerada *materialiter*) em *universal* e *particular*, como se referindo aos *objetos* do mundo, é falsa e contraditória em si mesma (que é, p. ex., certamente uma provisão para conservar as espécies das criaturas, mas que abandona os indivíduos ao acaso); pois ela é chamada universal precisamente na intenção de que nenhuma coisa particular possa ser pensada como excluída dela. — Presumidamente intencionou-se aqui a divisão da providência (considerada *formaliter*) segundo o modo de realização de sua intenção: a saber, em providência *ordinária* (p. ex., a morte e o ressurgimento anual da natureza segundo a mudança das estações do ano) e *extraordinária* (p. ex., o fornecimento de madeira nas costas do Ártico – que não pode crescer lá – através das correntes marítimas, fornecimento sem o qual os habitantes de lá não poderiam viver), situação em que, embora possamos explicar bem as causas físico-mecânicas desses fenômenos (p. ex., pelos litorais dos países temperados repletos de árvores que caem no rio e são carregadas para mais longe por algo do tipo a corrente do golfo), não devemos, por conseguinte, desconsiderar também a causa teleológica que indica a provisão de uma sabedoria que comanda a natureza. — Ora, no que diz respeito ao conceito utilizado nas escolas de uma *cooperação* divina ou concurso (*concursus*), em vista de um efeito no mundo sensível, isso deve ser abandonado. Pois querer emparelhar coisas de tipos diferentes (*gryphes iungere equis*[43]) e deixar que aquilo que é por si mesma a causa completa / das mudanças no mundo *complemente* sua própria providência *predeterminante* durante o curso do mundo (que, portanto, teria de ser deficiente) – dizer, por exemplo, que, com *Deus*, o médico curou os doentes e que, portanto, houve uma assistência nisso – é, *primeiramente*, contraditório em si. Pois *causa solitaria non iuvat* ["uma causa única não assiste"]. Deus é o autor do médico junto com todos os seus medicamentos e então, se se quer ascender até um fundamento originário supremo teoricamente incompreensível para nós, o efeito tem de ser a Ele *completamente* atribuído. Ou pode-se atribuí-lo também *totalmente* ao médico na medida em que consideramos este acontecimento explicável, segundo a ordem da natureza, na cadeia das causas do mundo. Em *segundo lugar*, tal modo de pensar destrói todos os princípios determinados do julgamento de um efeito. Mas, em sentido *prático moral* (que, portanto, é dirigido completamente ao suprassensível), – por exemplo, na crença de que Deus vai complementar a deficiência de nossa própria justiça também por meios incompreensíveis para nós, se apenas nossa disposição de ânimo for genuína, e que, portanto, não devemos esmorecer em nada em nosso esforço em direção ao bem – o conceito de *concursus* é totalmente apropriado e até mesmo necessário; mas é por si mesmo evidente que ninguém deve tentar *explicar*, a partir disso, uma boa ação (como acontecimento do mundo), o que é um pretenso conhecimento teórico do suprassensível e, portanto, absurdo.

43. "juntar grifos e cavalos". Virgílio, *Bucólicas*, Livro 8; 27.

nessas instituições artísticas da natureza ou tampouco *inferimos* a partir delas, mas que (como em toda relação da forma das coisas com fins em geral) só podemos e devemos *projetar em pensamento* a fim de nos formar um conceito de sua possibilidade segundo a analogia com as práticas artísticas humanas; no entanto representar para si a relação e a concordância com o fim que a razão nos prescreve imediatamente (o moral) é uma ideia que em sentido *teórico* é, decerto, *transcendente*, mas em sentido prático (p. ex., fazer uso, em vista do conceito de dever para com a *paz perpétua*, daquele mecanismo da natureza) é bem fundada dogmaticamente e de acordo com sua realidade. — O uso da expressão *natureza* é também, mesmo tratando-se aqui meramente de teoria (não de religião), mais adequado aos limites da razão humana (que deve se manter dentro dos limites da experiência possível em vista da relação dos efeitos com suas causas) e mais *modesto* do que a expressão de uma *providência* por nós reconhecida com a qual colocamos presunçosamente asas de Ícaro para se aproximar do segredo de seu propósito inescrutável.

Ora, antes de determinarmos mais proximamente essa garantia [*Gewährleistung*] será necessário examinar primeiro a condição que a natureza organizou para as pessoas que agem em seu grande palco, condição que / torna necessária, em última instância, sua garantia de paz [*Friedenssicherung*]; e depois disso examinar, sobretudo, o modo como ela presta essa garantia.

8:363

Seu arranjo provisório consiste no seguinte: que ela (1) cuidou que seres humanos pudessem viver em todas as partes da terra, (2) que, por meio da *guerra*, ela os levou mesmo às regiões mais inóspitas para povoá-las, (3) que, também por meio da guerra, os necessitou [*genöthigt*] a entrar em relações mais ou menos legais. — Já é digno de admiração que mesmo nos desertos gelados em torno do Oceano Índico cresça o musgo que a *rena* escava sob a neve para ela mesma se tornar o alimento ou também o veículo do ostíaco [44] ou do samoiedo [45] ; que os desertos de areia salina contenham afinal o camelo, que parece ter sido criado para, por assim dizer, viajá-los a fim de não deixá-los sem

---

44. Nome usado para se referir a diversos povos nativos da região da Sibéria na Rússia.

45. Outro grupo nativo da Sibéria, que se caracteriza por falar as línguas samoiedas, idioma da família linguística urálica (grupo ao qual pertencem também o finlandês e o húngaro).

utilidade. Mas o fim brilha ainda mais claramente quando se está ciente da maneira como, nas praias do Oceano Ártico, além de animais peludos, também focas, morsas e baleias fornecem aos habitantes de lá alimento, com a sua carne, e combustão, com o seu óleo. Mas a provisão da natureza desperta admiração, acima de tudo, por causa da madeira flutuante que ela traz (sem que se saiba ao certo de onde vem) para essas regiões sem vegetação, material sem o qual seus habitantes não poderiam construir seus veículos e armas e nem as suas cabanas; regiões onde eles têm, dessa forma, o suficiente a fazer na luta contra os animais para viver pacificamente entre si. — No entanto o que os *levou* até ali supostamente não foi outra coisa senão a guerra. O primeiro *instrumento de guerra* entre todos os animais, que o ser humano aprendeu a domar e a domesticar na época do povoamento da Terra, foi o cavalo (pois o elefante pertence a uma época mais tardia, a saber, a do luxo dos Estados já estabelecidos); da mesma forma, a arte de cultivar certos tipos de gramíneas – não mais reconhecidas por nós atualmente em sua natureza original – chamadas *cereais*, assim como a reprodução e o refinamento de certos *tipos de frutas* por meio de transplante e enxerto (talvez na Europa somente duas espécies, a da macieira e a da pereira) apenas poderiam aparecer na condição de Estados já estabelecidos, onde houvesse propriedade de terra garantida, depois que os seres humanos – antes na liberdade sem lei da caça\*, da pesca e da vida pastoral – foram impelidos até a *vida agrícola;* / e então foram descobertos o *sal* e o *ferro*, talvez os primeiros e mais amplamente procurados artigos de comércio de diferentes povos, graças aos quais eles foram conduzidos pela primeira vez a uma *relação pacífica* uns com os outros e então à compreensão, à comunidade e à relação pacífica mesmo com os povos mais distantes.

---

\* Entre todas as formas de viver, a da *caça* é sem dúvida a mais oposta à constituição civilizada, uma vez que as famílias, que nesse caso têm de / se isolar, logo se tornam estranhas umas às outras e, assim, espalhadas em vastas florestas, logo também se tornam *hostis*, já que cada uma precisa de muito espaço para a aquisição de sua alimentação e vestimenta. — A proibição de Noé de consumir sangue [Gn 9,4-6] (que, muitas vezes repetida, foi depois transformada pelos judeu-cristãos em condição para os novos cristãos vindos do paganismo, embora em um sentido diferente (At 15,20; 21,25), parece ter sido, em sua origem, nada mais do que a proibição da *vida de caçador*, porque nesta, com frequência, deve ocorrer o caso de comer carne crua; portanto, com a última, se proíbe ao mesmo tempo a primeira.

Ora, ao ter cuidado para que os seres humanos *pudessem* viver em todos os lugares da Terra, a natureza também quis, despoticamente, que *devessem* viver em todos os lugares, ainda que contra a sua inclinação, e mesmo sem que este dever [*Sollen*] pressupusesse, ao mesmo tempo, um conceito de dever [*Pflichtbegriff*] que os tivesse vinculado a isso mediante uma lei moral; mas, para alcançar esse seu fim, ela escolheu a guerra. — Isto é, vemos povos nos quais a unidade de sua descendência se torna reconhecível na unidade de sua língua, como, de um lado, os *samoiedos* no Oceano Ártico e, do outro, um povo de língua semelhante nas montanhas em *Altai* distante dos primeiros por duzentas milhas, entre os quais se intrometeu um outro, a saber, um povo mongol de montaria e, por conseguinte, um povo guerreiro, e assim se dispersou cada uma das partes daquela tribo para longe da outra nas regiões árticas inóspitas para onde certamente não teriam se propagado por inclinação própria\*; exatamente o mesmo se sucede com os *finlandeses* nas regiões setentrionais da Europa, chamados *lapões*, agora tão afastados dos *húngaros*, mas com eles aparentados na língua, separados entretanto / pelos povos góticos e samaritanos que penetraram entre eles; e que outra coisa pode ter impelido os *esquimós* (talvez os aventureiros mais antigos da Europa, uma raça totalmente distinta de todas as americanas[46]) para o norte

8:365

---

\* Poder-se-ia perguntar: se a natureza quis que essas costas árticas não permanecessem inabitáveis, o que seria de seus habitantes se um dia ela não mais os abastecesse (como é de se esperar) com madeira à deriva? Pois é de se acreditar que, com o progresso da cultura, os ocupantes das regiões temperadas utilizarão melhor a madeira que cresce na margem de seus rios; não as deixarão cair nos rios e ser levadas até o mar. Eu respondo: os habitantes do Rio Obi, do Jenisei, do Lena etc. lhes fornecerão a madeira pelo comércio e trocarão por ela produtos do reino animal dos quais o mar da Costa Ártica é tão rico, se ela (a natureza) tiver primeiro compelido [*erzwungen*] à paz entre eles.

46. É notável o interesse antropológico de Kant pelos índios americanos. Este interesse parece principalmente conduzido pelas interpretações de Cornelio de Pauw e Jean Louis Buffon, que defendiam a inferioridade racial dos ameríndios. Kant escreveu em 1775, em *Das diferentes raças humanas*, que os nativos americanos eram uma sub-raça ainda não bem-formada e meio degenerada e que sua aparência física, bem como seu temperamento frígido e insensível, mostravam a longa residência de seus ancestrais nas regiões glaciais do Norte e que, por isso, apresentavam "uma força vital parcialmente exaurida" e uma indisposição para o trabalho (AA 2:427-444).

e os *fueguinos* no sul da América até a Terra do Fogo a não ser a guerra, da qual a natureza se serve como meio para povoar a terra em todas as partes? A guerra mesma, no entanto, não precisa de nenhum motivo particular, mas parece estar enxertada na natureza humana e até mesmo parece valer como algo nobre para o qual o ser humano é impelido, sem móbeis egoístas, pelo impulso de honra, de modo que a *coragem de guerra* (tanto dos selvagens americanos quanto dos europeus na época da cavalaria) é julgada como sendo de grande valor imediato não só se há guerra (como é razoável), mas também é de grande valor que haja guerra e ela muitas vezes é iniciada tão somente para mostrar aquela coragem; por conseguinte é colocado na guerra em si mesma uma *dignidade* interna de modo que até mesmo alguns filósofos lhe prestaram um elogio, como sendo um certo enobrecimento da humanidade, sem se lembrarem do dito de um certo grego: "a guerra é ruim pelo fato de que produz mais pessoas más do que as leva embora". — Até aqui eis o suficiente do que a natureza faz *para o seu próprio fim* em relação ao gênero humano como uma classe animal.

    Agora levanta-se a questão que diz respeito ao essencial do propósito [*Absicht*] da paz perpétua: o que a natureza faz nessa intenção [*Absicht*] em relação ao fim que, ao ser humano, sua própria razão impõe como dever – por conseguinte para o favorecimento de sua *intenção moral* – e como ela presta a garantia de que aquilo que o ser humano *deveria* fazer, segundo as leis da liberdade, mas não faz, é assegurado que ele fará por uma coerção da natureza, sem prejuízo dessa liberdade, e decerto de acordo com todas as três relações do direito público, o *direito do Estado*, o *direito das gentes* e o *direito cosmopolita*? – Se digo que a natureza quer que isto ou aquilo aconteça não significa que ela nos imponha um dever de fazê-lo (pois apenas a razão prática livre de coerção o pode), mas que ela mesma o faz independente se queremos ou não (*fata volentem ducunt, nolentem trahunt*[47]).

---

47. "O destino conduz aquele que quer e arrasta aquele que não quer" (Sêneca. *Epístolas morais*, XVIII, 4. Tb. citado no final do ensaio *Teoria e prática*: AA 8:313).

1) Mesmo se um povo não foi necessitado [*genöthigt*]⁴⁸ por discórdia interna a submeter-se à coerção de leis públicas, a guerra faria isso a partir de fora, posto que, segundo o anteriormente mencionado arranjo da natureza [*Naturanstalt*], todo povo encontra diante de si outro povo que o pressiona como vizinho, diante de quem ele deve se constituir internamente como um *Estado* a fim de / estar armado como *potência* contra ele. Ora, a constituição *republicana* é a única completamente adequada ao direito dos seres humanos, embora seja também a mais difícil de instituir e mais ainda de manter, a tal ponto que muitos afirmam que deve ser um Estado de *anjos*, porque seres humanos com suas inclinações egoístas não seriam capazes de uma constituição de forma tão sublime. Mas agora a natureza vem em auxílio da vontade geral fundada na razão, reverenciada, embora impotente na prática, e decerto justamente com o auxílio daquelas inclinações egoístas, de tal modo que depende apenas de uma boa organização do Estado (que, certamente, está na capacidade dos seres humanos) dirigir suas forças, uma em oposição à outra, de tal maneira que uma detenha a outra em seu efeito destrutivo ou a suprima em um caminho tal que o resultado para a razão seja como se ambas as forças jamais existissem, e assim o ser humano, embora não moralmente bom, é compelido [*gezwungen*] a ser, apesar disso, um bom cidadão. O problema do estabelecimento do Estado, por mais difícil que soe, é solucionável mesmo para um povo de demônios (desde que possuam entendimento) e se apresenta da seguinte maneira: "organizar uma multidão de seres racionais que exijam, em conjunto, leis universais para a sua conservação, das quais no entanto cada um ocultamente está inclinado a se isentar, e estabelecer sua constituição de modo que estes – mesmo que se esforcem uns contra os outros em suas disposições de ânimo privadas – contenham contudo uns aos outros de tal modo que, em sua relação pública, o resultado seja precisamente o mesmo de como se eles não tivessem tais inclinações más". Tal proble-

8:366

---

48. Nas traduções em português, lemos "obrigado" em Guinsburg, "forçado" em Zingano e "compelido" em Morão. Em inglês, encontra-se "*forced*" e em francês "*contraint*". No entanto, tendo em vista o correlato latino "*necessitatio*", a melhor tradução seria, mais literalmente, "necessitado".

ma tem de ser *solucionável*. Pois não se trata do aperfeiçoamento moral dos seres humanos, mas apenas do mecanismo da natureza a partir do qual se exige saber a tarefa de como é possível utilizá-lo em seres humanos a fim de dirigir o conflito de suas disposições de ânimo não pacíficas em um povo de tal modo que eles mesmos necessitem [*nöthigen*] uns aos outros a se submeter a leis coercitivas e assim tenham de ocasionar o estado de paz no qual as leis tenham força. Pode-se ver isso também nos Estados existentes na realidade, mas ainda organizados de maneira bastante imperfeita, que eles, em sua conduta externa, contudo, já se aproximam bastante do que a ideia de direito prescreve, embora a causa disso seguramente não seja o interno da moralidade (como também não é de se esperar a boa constituição do Estado a partir disso; mas, ao contrário, muito mais, a partir dessa última, a boa formação moral de um povo); por conseguinte o mecanismo da natureza, mediante as inclinações egoístas que de maneira natural também se contrapõem umas às outras externamente, pode ser usado pela razão como um meio para / abrir espaço para o seu próprio fim – a prescrição jurídica [*der rechtlichen Vorschrift*][49] – e dessa forma também, tanto quanto depende do Estado mesmo, fomentar e assegurar tanto a paz interna quanto a externa. – Isso significa aqui, portanto, que a natureza *quer* irresistivelmente que, em última instância, o direito conserve a supremacia. Ora, o que não se faz aqui por negligência, far-se-á em última instância por si mesmo, embora com muita inconveniência. — "Se se dobra a cana em demasia, ela quebra; e aquele que muito quer, nada quer", Bouterwek[50].

2) A ideia de direito das gentes pressupõe a *separação* de muitos Estados vizinhos independentes uns dos outros, e embora tal condição em si já seja uma condição de guerra (se

---

49. Em sua tradução para o português, Morão opta nesse ponto por "regulação jurídica". Muñoz traduz por *"mandato legal"* para o espanhol. Em inglês, lemos em Gregor *"rule of right"*.

50. Friedrich Bouterwek (1766-1828), filósofo alemão e crítico literário e de estética. Assumiu os pressupostos da filosofia de Kant, mas passou a criticá-los mais tarde. Bouterwek também tentou se iniciar na carreira de poeta como nos comprova a sua correspondência com Kant (AA 11:431-432, cf. 13:345).

uma união federativa destes Estados não previne a irrupção de hostilidades), isto é, contudo, de acordo com a ideia da razão, melhor do que a fusão deles através de uma potência que controla as outras e se converte em uma monarquia universal, uma vez que as leis, com o aumento da extensão da governança, sempre perdem mais e mais o seu vigor e um despotismo sem alma, depois que extirpou o germe do bem, degenera-se finalmente em anarquia. Entretanto o desejo de todo Estado (ou de seu chefe supremo) é se transferir, dessa maneira, para um estado de paz duradouro, dominando, sempre que possível, o mundo inteiro. Mas a *natureza quer* de uma forma diferente. — *Ela se serve de dois meios para evitar a mistura de povos e para separá-los:* a diversidade das *línguas* e *religiões* \*, que traz certamente consigo a propensão para o ódio recíproco e o pretexto para a guerra, embora a cultura crescente e a gradativa aproximação dos seres humanos a uma maior concordância nos princípios conduza ao consentimento em uma paz que é gerada e garantida não como aquele despotismo (no cemitério da liberdade), pelo enfraquecimento de todas as forças, mas por meio do equilíbrio de tais forças na mais vivida competição entre elas.

/ 8:368

3) Assim como a natureza separa sabiamente os povos que a vontade de cada Estado gostaria de unir sob si pela astúcia ou violência – e, certamente, mesmo segundo os fundamentos do direito das gentes – ela une também, por outro lado, povos que o conceito de direito cosmopolita não teria assegurado contra a violência e a guerra mediante o interesse próprio recíproco. Trata-se do *espírito de comércio* que não pode coexistir com a guerra e que mais cedo ou mais tarde se apodera de cada povo. Isto é, uma vez que, dentre todos os poderes (meios) subordinados ao

---

\**Diversidade das religiões:* expressão esquisita!, justamente como se se falasse também de diferentes *morais*. Pode muito bem haver historicamente *tipos de crença*, não na religião, mas na história dos meios usados para seu fomento dentro do campo da erudição, e assim diferentes *livros religiosos* (Zendavesta, Vedas, Corão etc.), mas apenas uma única *religião* válida para todos os seres humanos e em todos os tempos. Aquelas crenças não podem conter, portanto, nada além do que apenas o veículo da religião, algo que é contingente e pode ser distinto segundo a diversidade dos tempos e dos lugares.

poder do Estado, *o poder do dinheiro* poderia muito bem ser o mais confiável, os Estados veem-se forçados (certamente não por móbeis da moralidade) a promover a nobre paz e, também lá onde a guerra ameaça sempre eclodir no mundo, a repeli-la através de mediações, como se estivessem assim em uma aliança permanente; pois, de acordo com a natureza da coisa, as grandes associações para a guerra raramente podem acontecer e ainda mais raramente de maneira bem-sucedida. — Dessa forma, mediante o mecanismo das inclinações humanas mesmas, a natureza garante a paz perpétua; certamente com uma segurança que não é suficiente para *predizer* seu futuro (teoricamente), mas é suficiente em sentido prático e torna um dever trabalhar para este fim (não meramente quimérico).

## SUPLEMENTO SEGUNDO
## Artigo secreto para a paz perpétua

Um artigo secreto nas negociações do direito público é objetivamente, isto é, considerado segundo o seu conteúdo, uma contradição; subjetivamente, entretanto, julgado de acordo com a qualidade da pessoa que o dita, pode muito bem haver nisso um segredo, se ela acha inconveniente para a sua dignidade se manifestar publicamente como sua autora.

O único artigo desse tipo está contido na proposição: "as máximas dos filósofos sobre as condições de possibilidade da paz pública devem ser levadas em consideração pelos Estados armados para a guerra".

Mas parece ser humilhante para a autoridade legislativa de um Estado, ao qual se deve atribuir naturalmente a maior sabedoria, buscar em seus *súditos* (os filósofos) instrução sobre os princípios de sua conduta em relação a outros Estados; embora seja muito aconselhável fazê-lo. O Estado, portanto, *convidará* os últimos *tacitamente* (fazendo, portanto, disso um segredo), o que significa que ele vai *permitir-lhes falar* livre e publicamente as máximas universais de condução da guerra e do estabelecimento da paz (pois eles já farão isso por si mesmos se simplesmente não os proibirem) e o acordo dos Estados entre si sobre este ponto não precisa tampouco de um compromisso especial dos Estados uns com os outros nesse sentido, mas já se encontra na obrigação [*Verplichtung*], através da razão humana (moralmente legisladora). — Com isso não significa, no entanto, que o Estado deva dar precedência aos princípios do filósofo às declarações dos juristas (os representantes do poder estatal), mas apenas que se deve ouvi-lo. O jurista, que adotou como símbolo a *balança* do direito e ao lado dela também a *espada* da justiça, serve-se comumente dessa última não meramente para afastar da primeira toda influência estranha; mas, quando um dos pratos não quer afundar (*vae victis* [51]), para colocá-la aí, algo para o qual o jurista, que não é ao mesmo tempo filósofo (também segundo a moralidade), tem uma grande tentação, porque seu ofício é tão somente aplicar as leis existentes, mas não investigar se estas mesmas não precisam de um aprimoramento; e ele conta essa posição de sua faculdade, que de fato é inferior, como superior, porque está acompanhada de poder (como é também o caso com as outras duas). — A filosófica, abaixo desse poder associado, encontra-se em um nível muito inferior. Assim se diz da filosofia, por exemplo, que ela é a *serva* da teologia (e se diz justamente o mesmo das outras duas). — Mas não se vê muito bem "se ela vai à frente de sua graciosa senhora com a tocha ou atrás levando a cauda[52].

Não é de se esperar que reis filosofem ou que filósofos se tornem reis, mas tampouco é de se desejar, porque a posse do poder corrompe inevitavelmente o juízo livre da razão. Mas é indispensável, para a elucidação de seus assuntos, que ambos, reis e povos reais (governando a si mesmos segundo leis de igualdade), não deixem desaparecer ou silenciar a classe dos filósofos, mas que a deixem falar publicamente e, como esta classe é incapaz, por sua natureza, de agremiações e alianças de clubes, é insuspeita de difamação mediante uma *propaganda*.

---

51. "Ai dos derrotados". A expressão latina é atribuída a Breno, líder dos gauleses que invadiram e saquearam Roma em 390 a.C. Os romanos vencidos, ao pesarem o montante de ouro que deveria ser pago aos gauleses, reclamaram da imprecisão da balança. Exclamando *Vae victis*, Breno acrescentou a sua espada a um dos pratos, obrigando os romanos a carregar o outro prato com mais ouro para contrabalancear o peso da espada.

52. Uma clara referência ao escrito que seria publicado em 1798, o *Conflito das faculdades*, no qual Kant trata do conflito entre a faculdade de filosofia, considerada inferior, e as faculdades de teologia, direito e medicina, consideradas superiores por assegurarem os interesses do governo no que diz respeito ao controle social.

# APÊNDICE I
## Sobre a discordância entre moral e política no propósito da paz perpétua

A moral já é, em si mesma, uma prática em sentido positivo, enquanto conjunto de leis que ordenam incondicionalmente segundo as quais *devemos* agir, e é absurdo manifesto, depois de ter concedido a este conceito de dever a sua autoridade, querer dizer ainda que não se pode, contudo, cumpri-lo. Pois, nesse caso, este conceito, por si mesmo, desaparece da moral (*ultra posse nemo obligatur*[53]); por conseguinte não pode haver nenhum conflito da política, enquanto doutrina do direito aplicada, com a moral como tal, enquanto doutrina do direito, embora em sentido teórico (por conseguinte nenhum conflito da práxis com a teoria); pois então teria de se entender a última como uma *doutrina* geral da *prudência*, isto é, uma teoria das máximas para escolher os meios mais adequados aos seus propósitos, calculados segundo a vantagem, isto é, negar que haja uma moral em geral.

A política diz: "Sede prudentes como as serpentes"; a moral acrescenta (como condição limitante): "e sem falsidade como as pombas". Se ambas não podem coexistir em um mandamento, há realmente um conflito da política com a moral; mas se ambas têm de estar completamente unidas, o conceito do contrário é absurdo e a questão de como é para ser solucionado aquele conflito nem sequer se impõe como tarefa. Embora a proposição "a honradez é a melhor política" contenha uma teoria que a prática, infelizmente!, muito frequentemente contradiz, a proposição igualmente teórica "a honradez é melhor do que

---

53. "Ninguém é obrigado para além do que pode".

toda política" está infinitamente acima de qualquer objeção e é, por certo, a condição imprescindível de toda política. O deus Término [*Grenzgott*][54] da moral não cede a Júpiter (o deus Término do poder), pois este ainda está submetido ao destino, isto é, a razão não está suficientemente iluminada para apreender a série de causas predeterminadas que permite prever com segurança o resultado afortunado ou desafortunado do fazer e deixar de fazer dos seres humanos segundo o mecanismo da natureza (embora permita esperá-lo em conformidade ao desejo). Mas ela nos ilumina, em toda parte, com claridade suficiente sobre o que se tem de fazer para permanecer no caminho do dever (de acordo com as regras da sabedoria) e, ademais, com isso, na direção do fim término.

8:371 / Ora, o prático[55] (para quem a moral é mera teoria) funda, no entanto, a sua desconsolada negação de nossa benigna esperança (mesmo admitindo o *dever* e o *poder*) propriamente no fato de que pretende ver, de antemão, a partir da natureza do ser humano, que este não *vai querer* nunca aquilo que é exigido para realizar aquele fim que conduz à paz perpétua. — Certamente, o querer [*Wollen*] de *todos* os seres humanos *individuais* de viver em uma constituição jurídica de acordo com princípios da liberdade (a unidade *distributiva* da vontade [*Willens*] de *todos*) não é suficiente para este fim, mas é preciso que *todos juntos* queiram esse estado (a unidade *coletiva* da vontade unida); esta solução de um difícil problema é exigida ainda para que a sociedade civil se constitua um todo e uma vez, portanto, que a essa diversidade do querer particular de todos tem de se acrescentar uma causa unificadora desse querer para produzir uma vontade comum, algo que ninguém no meio de todos é capaz, então, na *execução* daquela ideia (na prática), não se deve levar em conta nenhum outro início do estado jurídico senão aquele pela *força*,

---

54. Lemos nas traduções para o português de Zingano e Guinsburg, respectivamente, "divindade tutelar" e "deus Termo". Na versão em inglês de Gregor "*tutelary god*" e na versão francesa de Poirier e Prost "*Dieu-limite*". No entanto, uma vez que a palavra alemã "*Grenzgott*" tem como correspondente latino o termo "*deus Terminus*", optou-se, de acordo com a grafia latina, pela literalidade.

55. Kant se refere aqui ao político prático.

sobre cuja coerção se funda, posteriormente, o direito público; o que então já permite certamente esperar, de antemão, grandes desvios daquela ideia (da teoria) na experiência real (uma vez que, dificilmente, se pode contar com a disposição de ânimo moral do legislador de que, depois de acontecer a união da multidão selvagem em um povo, ele deixará agora para este realizar uma constituição jurídica mediante sua vontade comum).

Isso significa então que aquele que tem o poder uma vez em mãos não permitirá que o povo lhe prescreva leis. Um Estado que está uma vez em posse do poder de não se submeter a nenhuma lei externa não se tornará, no que diz respeito ao modo como deve buscar seu direito diante de outros Estados, dependente de seu tribunal; e mesmo uma parte do mundo, quando se sente superior a outra que, aliás, não se encontra em seu caminho, não deixará de fazer uso do meio de fortalecer seu poder mediante o espólio ou até mesmo da dominação dessa última; e então agora se dissolvem todos os planos da teoria para um direito do Estado, das gentes e cosmopolita, em um ideal vazio e irrealizável; em contrapartida, uma prática que é baseada em princípios empíricos da natureza humana, que não considera demasiadamente baixo extrair instrução para suas máximas do modo como as coisas acontecem no mundo, é a única que pode esperar encontrar um fundamento seguro para seu edifício de prudência política.

/ Certamente, se não há nenhuma liberdade e nem a lei moral nela baseada, mas tudo o que acontece ou pode acontecer é mero mecanismo da natureza, a política (enquanto arte de fazer uso desse mecanismo para o governo dos seres humanos) é toda a sabedoria prática e o conceito de direito um pensamento vazio. Mas se, indispensavelmente, se considera necessário ligar esse conceito com a política para, por certo, elevá-lo à condição limitante da última, deve ser admitida a compatibilidade de ambos. Ora, eu posso, decerto, pensar um *político moral*, isto é, alguém que assume os princípios da prudência política de modo que possam coexistir com a moral, mas não posso pensar um moralista político que forja para si uma moral como é conveniente ao interesse do homem de Estado.

8:372

O político moral tomará por princípio para si que se alguma vez forem encontrados defeitos na constituição do Estado ou na relação dos Estados, que não se pôde evitar, é dever, sobretudo para os chefes supremos do Estado, estarem atentos a respeito de como tais podem ser aprimorados, tão logo quanto possível, e adequados ao direito natural, tal como este se apresenta, na ideia da razão, como um modelo aos nossos olhos, ainda que deva custar o sacrifício de seu egoísmo. Ora, uma vez que a ruptura de uma liga estatal ou união cosmopolita, antes ainda de uma melhor constituição estar à disposição para assumir o seu lugar, é contrária a toda prudência política concordante aqui com a moral, seria, decerto, absurdo exigir que aquele defeito tenha de ser imediata e impetuosamente modificado, mas o que se pode exigir do detentor do poder é que ao menos apresente em seu íntimo a máxima da necessidade de tal modificação para continuar se aproximando constantemente do fim (da melhor constituição de acordo com leis jurídicas). Um Estado também já pode *governar-se* de maneira republicana, mesmo que ainda possua um *poder soberano* despótico segundo a constituição vigente[56], até que gradualmente o povo se torne suscetível à influência da mera ideia da autoridade da lei (como se esta possuísse força física) e, por conseguinte, se encontre preparado para ser autor da própria legislação (que é, originariamente, baseada no direito). Se também pela violência de uma *revolução* produzida por uma constituição ruim fosse alcançada de maneira ilegítima uma constituição mais conforme a lei, não se deveria contudo considerar permitido, nesse caso, reconduzir o povo novamente à antiga, embora durante a mesma revolução aquele que / interviesse nela violenta ou astuciosamente estaria, com direito, submetido às punições do rebelde. No que diz respeito às relações externas dos Estados, no entanto, não se pode exigir de um Estado que

8:373

---

56. Ao defender a ideia de que é aceitável que um Estado, pelo menos temporariamente, possa se governar de maneira republicana mesmo com uma constituição despótica, Kant se refere à situação política da Prússia de Frederico II que se mostrava preferível, em sua opinião, à situação da Grã-Bretanha, que apesar de apresentar a divisão dos poderes, era governada despoticamente por um monarca absoluto que, como lemos no *Conflito das faculdades*, "por ter em seu poder todas as funções e dignidades, pode estar seguro da aprovação dos representantes do povo" (AA 7:90).

deva abandonar sua constituição, mesmo que despótica (que é, contudo, a mais forte em relação aos inimigos externos), enquanto corre perigo de ser imediatamente devorado por outros Estados; por conseguinte, com aquele propósito [*Vorsatz*], deve ser permitido também o adiamento de sua execução até um momento mais oportuno\*.

Pode acontecer sempre, portanto, que os moralistas despóticos (que falham na execução) infrinjam, de diferentes maneiras, a prudência do Estado (mediante medidas adotadas ou recomendadas de forma precipitada); mas então, nessa sua infração contra a natureza, a experiência deve contudo trazê-los pouco a pouco a um melhor caminho; em vez disso, os políticos moralizantes, pelo encobrimento dos princípios contrários ao direito, sob o pretexto de uma natureza humana *incapaz* do bem, segundo a ideia como a razão a prescreve, *tornam impossível*, tanto quanto lhes diz respeito, o melhoramento e perpetuam a violação do direito.

Estes prudentes homens do Estado, em vez da práxis da qual se gabam, lidam com *práticas* que abandonam o povo – posto que preferem meramente adular o poder agora dominante (para não perder seu privilégio particular) – e, quando possível, o mundo como um todo, segundo a maneira de verdadeiros juristas (de *ofício*, não de *legislação*) quando sobem à política. Pois como não é assunto seu sutilizar [*vernünfteln*][57] sobre a legislação mesma, mas cumprir os preceitos presentes do direito do terri-

---

\* Estas são leis permissivas da razão que permitem que a situação de um direito público, afligido com injustiça, persista até o ponto de que tudo amadureça por si mesmo em direção a uma mudança completa ou se aproxime da maturidade mediante meios pacíficos, uma vez que qualquer constituição *jurídica*, em conformidade com o direito, mesmo que apenas em um pequeno grau, é em absoluto melhor do que nenhuma; já que uma reforma *precipitada* iria de encontro com o destino último (a anarquia). Portanto a sabedoria política, na situação em que as coisas se encontram agora, tornará um dever reformas adequadas ao ideal do direito público; mas utilizará de revoluções – provocadas por si mesmas pela natureza – não para aliviar uma opressão ainda maior, mas como chamado da natureza para instaurar, mediante reformas fundamentais, uma constituição legal fundada em princípios da liberdade como a única durável.

57. Sutilizar é o mesmo que pensar ou raciocinar com sutileza ou perspicácia.

tório [*Landrechts*]⁵⁸, para eles tem de ser toda constituição legal ora existente sempre a melhor – e se esta é reformada por instância superior – segue agora sendo a melhor, uma vez que assim tudo / se encontra em sua adequada ordem mecânica. Mas se essa habilidade de montar em todas as celas⁵⁹ inspiram-lhes uma ilusão de poder julgar também sobre princípios de uma *constituição do Estado* em geral segundo conceitos do direito (por conseguinte *a priori* e não empiricamente); se eles se gabam bastante do fato de conhecerem os *seres humanos* (o que é, certamente, de se esperar, já que eles têm de lidar com muitos) sem conhecer, contudo, o *ser humano* e o que pode se fazer dele (para o que se exige um ponto de vista mais elevado de observação antropológica) e, providos com esses conceitos, abordam o direito do Estado e o direito das gentes tal como a razão o prescreve, então eles não podem fazer essa transição a não ser com espírito de chicana, posto que seguem seu procedimento costumeiro (de um mecanismo de acordo com leis coercitivas despoticamente dadas) mesmo aí onde os conceitos da razão exigem uma coerção fundamentada apenas em conformidade com leis segundo os princípios da liberdade, coerção por meio da qual é primeiramente possível uma constituição do Estado válida pelo direito; esse problema, o pretenso prático acredita poder resolver empiricamente, ignorando aquela ideia, a partir da experiência de como estavam estabelecidas as melhores constituições vigentes até ali, embora em sua maior parte elas fossem contrárias ao direito. — As máximas das quais ele se serve para isso (embora, certamente, ele não as permita ser declaradas publicamente) resumem-se aproximadamente nas seguintes máximas sofísticas:

1) *Fac et excusa*⁶⁰. Aproveita a ocasião favorável para tomar posse arbitrariamente (ou de um direito do Estado sobre

---

58. Trata-se de uma referência ao código civil prussiano, conhecido como *Allgemeines Landrecht für die Preussischen Staaten*, cuja instituição teve início durante o reinado de Frederico II (1740-1786), mas não aconteceu, de fato, até 1794.
59. A expressão *"für alle Sättel gerecht zu sein"* significa algo como "adaptar-se a todas as circunstâncias".
60. "Faze e justifica-te".

seu povo ou sobre outro povo vizinho); a justificação se apresentará mais fácil e elegante *depois do fato* e permitirá encobrir a violência (especialmente no primeiro caso, onde o poder superior no interior também é imediatamente a autoridade legislativa à qual se deve obedecer sem sutilizar [*vernünfteln*] a respeito dela) do que se antes se quisesse refletir sobre argumentos convincentes e esperar ainda as objeções contra tais. Esta audácia mesma dá uma certa aparência de convicção interna à legitimidade do fato e o Deus *bonus eventus* [61] é, posteriormente, o melhor advogado.

2) *Si fecisti, nega* [62]. Qualquer crime que tu mesmo tenhas cometido [*verbrochen hat*], por exemplo, levar o teu povo ao desespero e assim à rebelião, nega que seja culpa *tua*, mas afirma que a culpa é da desobediência dos súditos ou, também em tua dominação de um povo vizinho, que a culpa é da natureza do ser humano, que, se não / se antecipa ao outro com violência, pode contar, seguramente, que o outro se antecipará a ele e o dominará.

3) *Divide et impera*[63]. Isto é, se há certos líderes privilegiados em seu povo que te escolheram simplesmente como seu chefe supremo (*primus inter pares*[64]), desuna-os entre si e os separe do povo; fique agora ao lado desse último sob o pretexto de uma maior liberdade e então tudo dependerá de sua vontade incondicional. Ou se houver Estados externos, estimular a discórdia entre eles, sob a aparência de apoiar o mais fraco, é um meio bastante seguro de submetê-los a ti um depois do outro.

Ora, com essas máximas políticas, decerto, não se engana mais ninguém, pois, em seu conjunto, elas já são geralmente

---

61. Embora originariamente *Bonus Eventus* tenha sido uma das doze divindades romanas ligadas à agricultura, durante o Império, a divindade passou a representar o sucesso ou a boa sorte, sendo até mesmo simbolizada em algumas moedas romanas. A referência kantiana certamente vai de encontro com essa última acepção.

62. "Se fizeste, nega".

63. "Separa e governa". Essa máxima política é geralmente atribuída a Filipe II da Macedônia, mas também foi assumida por César em Roma e por Napoleão.

64. "Primeiro entre iguais". A expressão latina significa que há alguém de mais destaque entre pessoas do mesmo *status*. Pode designar também o presidente de uma assembleia onde todos têm voz ativa.

conhecidas; tampouco é o caso de alguém se envergonhar delas como se a injustiça resplandecesse muito claramente aos olhos. Pois, uma vez que grandes poderes nunca se envergonham diante do juízo da multidão comum, mas apenas uns diante dos outros, porém, no que diz respeito àqueles princípios, não é o se tornar público, mas apenas o *fracasso* deles o que pode envergonhá-los (pois, em relação à moralidade dessas máximas, elas estão todas de acordo entre si); então lhes resta sempre a *honra política* com a qual podem contar seguramente, a saber, a do *aumento de seu poder*, seja qual for o caminho pelo qual ele é adquirido*.

---

\* Embora se possa duvidar de uma certa malignidade radicada na natureza de seres humanos que convivem em um Estado e poder-se-ia citar, com certa aparência de verdade, em vez dela, a carência de uma cultura ainda suficientemente desenvolvida[65] (a rudeza) como causa das manifestações de seu modo de pensar contrárias ao direito; essa maldade, contudo, salta aos olhos de maneira totalmente manifesta e incontestável nas relações externas dos *Estados* uns com os outros. No interior de cada Estado, ela está encoberta pela coerção das leis civis, uma vez que a inclinação para a violência recíproca dos cidadãos é contraposta vigorosamente por um poder maior, a saber, o do governo, e então isso dá ao todo não apenas uma pintura [*Anstrich*] moral (*causae non causae* ["causas que não são causas"]), mas também, ao impedir a irrupção das inclinações contrárias à lei, é realmente bastante facilitado o desenvolvimento das predisposições morais / para o respeito imediato ao direito. — Ora, pois cada um acredita por si que realmente consideraria sagrado o conceito de direito e o seguiria fielmente se pudesse apenas esperar o mesmo de todos os outros – o que o governo lhe assegura em parte – algo por meio do qual então se dá um grande passo em direção à moralidade (embora ainda não seja um passo moral) com o propósito de também ser afetado por este conceito de dever por si mesmo sem considerar qualquer restituição. – Mas uma vez que cada um, em sua boa opinião de si mesmo, pressupõe contudo a má disposição de ânimo em todos os outros, o juízo que pronunciam reciprocamente uns dos outros é de que eles todos, no que concerne ao *fato*, pouco valem (de onde isso vem é algo que fica sem explicação, já que a *natureza* do ser humano como ser livre não pode, contudo, ser culpada). Considerando, no entanto, que também o respeito ao conceito de direito, do qual o ser humano não pode simplesmente se abster, sanciona mais solenemente a teoria de sua capacidade de se adequar a ele, cada um vê que deve agir, de sua parte, em conformidade com o direito, independentemente de como os outros se comportem.

65. Observamos aqui, nessa passagem, uma referência às duas teses kantianas acerca da natureza do mal. Em primeiro lugar, Kant faz uma referência à teoria do mal radical desenvolvida em seu escrito de 1793, *A religião nos limites da simples razão*, e, por último, menciona a sua hipótese inicial sobre o mal exposta em seus escritos sobre filosofia da história de meados de 1780, dentre os quais estão *Ideia de uma história universal de um ponto de vista cosmopolita* e *Começo conjectural da história humana*, embora seja digno de nota que isso já pode ser observado em suas *Lições sobre a doutrina filosófica da religião* de 1783-1784.

\* \* \*

De todas essas manobras sinuosas *[Schlangenwendungen]* de uma doutrina imoral da prudência para trazer o estado de paz entre os seres humanos a partir da condição bélica do estado de natureza, fica bastante claro ao menos que, / tanto em suas relações privadas quanto em suas relações públicas, os seres humanos não podem se subtrair ao conceito de direito e não se atrevem a fundar, de maneira manifesta, a política meramente em manobras de prudência e, por conseguinte, a recusar toda obediência ao conceito de um direito público (o que chama a atenção, especialmente, no do direito das gentes), mas a ele, em si, concedem todas as honras devidas, ainda que devam inventar centenas de desculpas e dissimulações para evitá-lo na prática e para atribuir falsamente à força astuciosa a autoridade de ser a origem e o vínculo de todo o direito. — Para pôr um fim nesse sofisma (embora não à injustiça encoberta por tais) e levar os falsos *representantes* dos poderosos da Terra à confissão de que falam não a favor do direito, mas da força, da qual assumem o tom como se tivessem eles mesmos algo a mandar com isso, será bom descobrir a desilusão [Blendwerk] com a qual se engana a si mesmo e os outros para encontrar e mostrar o princípio supremo do qual emana o propósito da paz perpétua: que todo o mal que está em seu caminho resulta do fato de que o moralista político começa lá onde razoavelmente termina o político moral e, ao submeter os princípios ao fim (*i. e.*, colocar o carro na frente dos bois[66]), ele frustra sua própria intenção de conciliar a política com a moral.

8:376

Para fazer a filosofia prática concordante consigo mesma é necessário, antes de tudo, decidir a questão de se, em problemas de filosofia / prática, deve-se começar de seu *princípio material*, o *fim* (como objeto do arbítrio), ou do *princípio formal*, isto é, daquele princípio (estabelecido meramente pela liberdade na relação externa) de acordo com o qual se diz: age de tal modo que possas querer que a tua máxima deva se tornar uma lei universal (independentemente de qual fim se possa querer)[67].

8:377

---

66. Literalmente, lemos "colocar os cavalos atrás da carruagem".
67. Cf. *Metafísica dos costumes*, AA 5:213-214; 230.

Sem sombra de dúvida o último princípio deve preceder, pois ele tem, como princípio do direito, necessidade incondicionada, enquanto o primeiro só é necessário sob a pressuposição das condições empíricas do fim proposto, a saber, da sua realização, e se este fim (p. ex., a paz perpétua) fosse também dever, teria de ser, contudo, ele mesmo derivado do princípio formal das máximas de agir externamente. — Ora, o primeiro princípio, que é o do *moralista político* (o problema do direito do Estado, das gentes e cosmopolita) é um mero problema técnico (*problema technicum*) enquanto o segundo, como princípio do *político moral* – para quem é um *problema moral* (*problema morale*) – tem uma enorme diferença do primeiro em relação ao procedimento para levar à paz perpétua, a qual agora se deseja não meramente como bem físico, mas também como um estado resultante do reconhecimento do dever.

Para a resolução do primeiro problema, a saber, o da prudência política, exige-se muito conhecimento da natureza para fazer uso de seu mecanismo para o fim pensado e, contudo, todo esse conhecimento é incerto em vista de seu resultado no que diz respeito à paz perpétua, independentemente de se assumir agora uma ou outra das três divisões do direito público. É incerto se o povo — internamente e, decerto, por um longo tempo – pode ser mais bem mantido em obediência e, ao mesmo tempo, em prosperidade pela severidade ou pelo engodo da vaidade, se pelo poder supremo de uma única pessoa ou a união de vários líderes ou talvez ainda simplesmente pela nobreza de título ou pelo poder do povo. De todos os modos de governo (com exceção do único genuinamente republicano, que, no entanto, só pode vir à mente de um político moral) se tem exemplos do contrário na história. — Ainda mais incerto é um *direito das gentes* estabelecido supostamente em estatutos de acordo com planos ministeriais, direito que de fato é apenas uma palavra sem conteúdo e que se baseia em contratos que contêm, no ato mesmo de sua conclusão, ao mesmo tempo, a reserva secreta de sua transgressão. — Em contrapartida, a solução do segundo problema, a saber, o da *sabedoria política*, impõe-se, por assim dizer, por si mesma; ela é

evidente para todo mundo / e faz de todos os artifícios uma ver- 8:378
gonha; leva, com isso, diretamente ao fim, lembrando, contudo, da prudência de não extrair esse fim de maneira precipitada com violência, mas de se aproximar dele, incessantemente, de acordo com a condição das circunstâncias favoráveis.

Isso significa então: "buscai antes de tudo o reino da razão prática pura e a sua *justiça*, então vosso fim (o benefício da paz perpétua) vos será concedido por si mesmo". Pois a moral tem em si a peculiaridade – e, decerto, em vista de seus princípios de direito público (por conseguinte em relação a uma política cognoscível *a priori*) – de que quanto menos ela torna a conduta dependente do fim proposto, da vantagem intencionada, seja física ou moral, tanto mais ela se harmoniza, não obstante, com esse fim em geral; algo que acontece porque é precisamente a vontade universal dada *a priori* (em um povo ou na relação de diversos povos uns com os outros) a única que determina o que é de direito entre os seres humanos; no entanto, essa união da vontade de todos, apenas se se procede de maneira consequente na execução, pode ser também, ao mesmo tempo, de acordo com o mecanismo da natureza, a causa para produzir o efeito pretendido e levar a cabo o conceito de direito. — Então é, por exemplo, um princípio [*Grundsatz*] da política moral que um povo deva se unir em um Estado, segundo os conceitos jurídicos únicos da liberdade e da igualdade, e esse princípio [*Princip*] não se baseia na prudência, mas no dever. Ora, por mais que os moralistas políticos possam, contudo, sutilizar [*vernünfteln*] sobre o mecanismo da natureza de uma multidão de seres humanos entrando em sociedade, mecanismo que debilitaria aqueles princípios e impediria a sua intenção, ou também tentem, contudo, demonstrar sua afirmação por meio de modelos de constituições mal-organizadas de tempos antigos e modernos (p. ex., de democracias sem sistema de representação), eles não merecem ser ouvidos; especialmente porque uma teoria perniciosa desse tipo produz ela mesma justamente o mal que prevê, de acordo com o qual o ser humano é lançado em uma classe com as máquinas vivas restantes, às quais bastaria estar conscientes de que não são seres livres para se tornarem, em seu próprio juízo, os seres mais miseráveis do mundo.

8:379 A proposição proverbial em circulação, que soa decerto um pouco prepotente, mas verdadeira: *fiat iustitia, pereat mundus*[68], que se traduz por "reine a justiça e por isso os patifes do mundo podem todos perecer" é um corajoso princípio do direito que / perpassa os caminhos tortuosos traçados pela malícia ou violência; ela apenas não deve ser mal-interpretada como uma permissão para fazer uso do seu próprio direito com o máximo rigor (o que entraria em conflito com o dever ético), mas entendida como obrigação dos detentores do poder de não recusar a ninguém o seu direito ou restringi-lo por desfavor ou compaixão para com outros; para tanto se exige, sobretudo, uma constituição interna do Estado estabelecida segundo princípios puros do direito, mas também, depois disso, a constituição da união desse com outros Estados vizinhos e mesmo com Estados distantes com o propósito de um ajustamento legal de suas disputas (em analogia a um Estado universal). — Essa proposição não quer dizer senão que as máximas políticas não devem provir do bem-estar e da felicidade de cada Estado, esperada a partir de sua observância, e, portanto, não do fim que cada um deles toma para si como objeto (do querer), enquanto princípio supremo (embora empírico) da sabedoria política, mas do conceito puro do dever de direito [*Rechtspflicht*] (do dever [*Sollen*], cujo princípio *a priori* é dado pela razão pura), independentemente de quais forem as consequências físicas. O mundo de modo algum perecerá por haver menos seres humanos maliciosos. O mal moral tem a propriedade, inseparável de sua natureza, de contradizer a si mesmo e de se destruir em suas intenções (principalmente em relação a outros com a mesma disposição de ânimo [*Gleichgesinnte*]) e dá lugar então ao princípio (moral) do bem, muito embora mediante um lento progresso.

\* \* \*

---

68. "Faça-se justiça mesmo que o mundo pereça". Lema de Fernando I de Augsburgo (1503-1564), que foi imperador do Sacro Império Romano Germânico de 1558 até a sua morte.

Não há, portanto, *objetivamente* (na teoria), nenhum conflito em absoluto entre a moral e a política. Em contrapartida, *subjetivamente* (na propensão egoísta dos seres humanos que, no entanto, por não se fundar em máximas da razão, ainda não deve ser chamada prática) esse conflito subsistirá e sempre pode subsistir, uma vez que serve de pedra de afiar a virtude, cuja verdadeira coragem (segundo o princípio *tu ne cede malis, sed contra audentior ito*[69]), no presente caso, não consiste tanto em se opor com propósito firme aos males e sacrifícios que devem ser aqui aceitos, mas em encarar de frente o bastante perigoso, enganador e traiçoeiro princípio mau em nós mesmos – que usa, contudo, de sutilezas para aduzir a fraqueza da natureza humana como justificativa para toda transgressão – vencendo a sua malícia.

/ De fato, o moralista político pode dizer que o governante 8:380
e o povo – ou o povo e o povo – não cometem injustiça *um ao outro* se eles lutam um com o outro de maneira violenta ou insidiosa, embora sem dúvida cometam injustiça em geral ao negar todo o respeito ao conceito do direito que poderia unicamente fundar perpetuamente a paz. Pois uma vez que um transgrida seu dever para com o outro, que, por sua vez, mantém da mesma forma disposições contrárias ao direito para com o primeiro, então *acontece* algo completamente justo a ambos os lados se eles se destroem reciprocamente, mas de tal maneira que sempre reste o suficiente dessa raça para que esse jogo não deixe de existir até as épocas mais distantes com o propósito de que um dia uma descendência tardia tire deles um exemplo de advertência. A providência no curso do mundo está aqui justificada, pois o princípio moral no ser humano nunca se extingue; a razão que pragmaticamente é capaz da execução da ideia do direito, de acordo com aquele princípio, está em contínuo crescimento mediante o progresso constante da cultura, embora cresça com ela também a culpa daquelas transgressões. A criação apenas não parece poder ser justificada (se assumirmos que o gênero humano nunca será ou pode ser mais bem constituído) por

---

69. "Não cedas ao mal, mas combate-o corajosamente" (Virgílio. *Eneida*, livro VI, 95).

nenhuma teodiceia, ou seja, que tal sorte de seres corrompidos tenha de existir na terra; mas esse ponto de vista de julgamento nos é muito elevado para que sejamos capazes de sujeitar nossos conceitos (de sabedoria) ao poder supremo e inescrutável, em sentido teórico, para nós. — A tais consequências desesperadas somos inevitavelmente impelidos se não aceitamos que os princípios puros do direito possuem realidade objetiva, isto é, que podem se realizar, e que, por conseguinte, é preciso tratar com eles, da parte do povo em um Estado e, ademais, da parte dos Estados uns em relação aos outros, independentemente do que a política empírica possa objetar contra tais princípios. A verdadeira política, portanto, não pode dar nenhum passo sem antes prestar homenagem à moral, e embora a política por si mesma seja uma arte difícil, contudo, de modo algum a sua união com a moral é arte, pois tão logo ambas entram em conflito uma com a outra, a moral corta o nó que a política não é capaz de desatar. — O direito dos seres humanos deve ser considerado sagrado por maior que seja o sacrifício que possa custar ao poder dominante. Não se pode aqui dividir em duas partes e inventar o meio-termo de um direito pragmaticamente condicionado (entre direito e utilidade), mas toda política deve dobrar seus joelhos diante do direito e pode, no entanto, esperar alcançar, embora lentamente, o estágio no qual brilhará persistentemente.

## APÊNDICE II
## Sobre o consenso[70] da política com a moral segundo o conceito transcendental do direito público

Se abstraio de toda *matéria* do direito público (das distintas relações dos seres humanos dadas empiricamente no Estado ou também dos Estados uns com os outros), assim como pensam normalmente os professores de Direito, ainda me resta a *forma da publicidade*, cuja possibilidade toda pretensão jurídica contém em si, uma vez que sem ela não haveria nenhuma justiça (que pode ser pensada apenas como *publicamente manifesta*); por conseguinte tampouco direito algum, que é concedido apenas por ela.

Toda pretensão jurídica deve ter essa capacidade de publicidade e, uma vez que se pode julgar bem facilmente se ela acontece em um caso ocorrido, isto é, se ela pode ou não se harmonizar com os princípios do agente, a publicidade pode, portanto, conceder um critério encontrado *a priori* na razão fácil de usar para reconhecer imediatamente, no último caso, a falsidade (contrariedade ao direito) da pretensão concebida (*praetensio juris*) mediante – por assim dizer – um experimento da razão pura.

Depois de tal abstração de todo empírico que o conceito de direito do Estado e direito das gentes contêm (tal como a malignidade da natureza humana, que torna necessária a coerção), pode-se denominar a seguinte proposição de a *fórmula transcendental* do direito público:

> Todas as ações relacionadas ao direito de outros seres humanos, cuja máxima é incompatível com a publicidade, são injustas.

---

70. Mais literalmente traduz-se a palavra *"Einhelligkeit"* por "unanimidade".

Esse princípio não é para ser considerado meramente como princípio *ético* (pertencente à doutrina da virtude), mas também como princípio *jurídico* (que diz respeito ao direito dos seres humanos). Pois uma máxima que eu não posso *tornar pública* [*lautwerden*] sem, por meio disso, frustrar a minha própria intenção, que deve estar completamente *oculta* se quiser prosperar e para a qual não posso me *declarar publicamente* sem que, dessa forma, seja provocada inevitavelmente a resistência de todos contra meu propósito [*Vorsatz*], não pode obter esta reação oposta [*Gegenbearbeitung*] necessária e universal de todos contra mim – por conseguinte discernida *a priori* – a não ser somente a partir da injustiça com a qual ela ameaça a todos. — Além disso o princípio é meramente *negativo*, isto é, serve apenas para reconhecer, através dele, o que *não é justo* para com os outros. / — Como um axioma, ele é indemonstrável, certo e, ademais, fácil de aplicar, como se pode ver nos seguintes exemplos do direito público.

*1) No que diz respeito ao direito do Estado (ius civitatis)*, a saber, o direito interno, sucede-se nele a questão que muitos consideram difícil de responder e que o princípio da publicidade resolve com grande facilidade: "é a rebelião um meio legítimo para um povo se libertar do poder opressivo de um assim chamado tirano (*non titulo, sed exercitio talis* [71])?" Os direitos do povo são lesados e a ele (ao tirano) não se comete nenhuma injustiça ao destroná-lo; disso não há dúvida. Contudo, é injusto no mais alto grau buscar, por parte dos súditos, seu direito dessa forma e eles tampouco podem reclamar de injustiça se forem subjugados nesse conflito e tiverem depois disso de sofrer a mais dura pena.

Ora, aqui pode se argumentar sutilmente [*vernünfteln*] muito a favor e contra, se se quer resolver a questão por meio de uma dedução dogmática dos fundamentos do direito; mas o princípio transcendental da publicidade do direito público pode poupar-se dessa prolixidade. De acordo com ele, o povo mesmo se pergunta, antes do estabelecimento do contrato civil, se ousaria tornar conhecida publicamente as máximas de seu pro-

---

71. "Não no título, mas no exercício (do tirano)".

pósito de uma insurreição oportuna. É fácil de ver que se, ao estabelecer uma constituição do Estado, se quisesse assumir por condição, em certos casos, exercer a força contra o chefe supremo, o povo teria de se arrogar um poder legítimo sobre aquele. Nesse caso, no entanto, ele não seria o chefe supremo ou, se ambos tomassem a si mesmos como condição do estabelecimento do Estado, de modo algum um Estado seria possível, o que era, contudo, a intenção do povo. A injustiça da rebelião se torna clara, portanto, pelo fato de que a máxima pela qual alguém a *confessa publicamente* faria sua própria intenção impossível. Dever-se-ia, portanto, mantê-la necessariamente em segredo. Mas, por parte do chefe supremo do Estado, essa ocultação não seria exatamente necessária. Ele pode dizer livremente que vai punir qualquer rebelião com a morte dos cabecilhas, mesmo que possam continuar acreditando que ele transgrediu primeiro de seu lado a lei fundamental, pois se ele está consciente de possuir o supremo poder *irresistível* (algo que deve ser assumido em toda constituição civil, uma vez que aquele que não tem poder suficiente para defender cada um dos indivíduos contra os outros em um povo, / também não tem o direito de comandá-lo), então não deve se preocupar que o tornar as suas máximas conhecidas frustre sua própria intenção, algo com o qual também concorda bastante o fato de que, se a rebelião do povo triunfa, aquele chefe supremo deveria voltar à posição de súdito sem começar nenhuma contrarrevolução[72], mas também não teria de temer ser levado a prestar contas devido à sua governança anterior.

8:383

2) *No que diz respeito ao direito das gentes.* — Apenas sob a pressuposição de algum estado jurídico (*i. e.*, aquela condição externa sob a qual um direito pode ser realmente atribuído ao ser humano) que se pode falar de um direito das gentes, uma vez que, enquanto um direito público, ele já contém em seu conceito a publicação de uma vontade geral que determina a cada um o que é seu, e esse *status iuridicus* tem de proceder de algum contrato que não precisa ser baseado exatamente em leis coercitivas (como aquele a partir do qual o Estado surge), mas em todo

---

72. O termo "*Wiedererlangungsaufruhr*" seria traduzido mais literalmente por "rebelião de recuperação".

caso pode ser o de uma associação *permanentemente livre* como a do federalismo de diferentes Estados citada anteriormente. Pois sem nenhum *estado jurídico* que ligue ativamente as diferentes pessoas (físicas ou morais) – portanto no estado de natureza – não pode haver nenhum outro direito senão o direito privado. — Ora, aqui também surge um conflito da política com a moral (esta considerada como doutrina do direito), no qual aquele critério da publicidade das máximas encontra igualmente sua fácil aplicação, contudo apenas se o contrato vincula os Estados no propósito [*Absicht*] de se manter a paz entre si e junto a outros Estados e de modo algum, no entanto, para fazer aquisições. — Eis aqui agora os seguintes casos da antinomia com os quais está vinculada, ao mesmo tempo, a sua solução.

a) "Se um desses Estados prometeu ao outro alguma coisa, seja assistência, cessão de certos territórios ou subsídios e similares, deve se perguntar se, no caso em que esteja em jogo a salvação do Estado, ele pode dessa forma liberar-se de manter a sua palavra ao querer ser considerado em uma dupla pessoa, primeiramente como *soberano*, visto que não é responsável por ninguém em seu Estado, e depois, por sua vez, meramente como supremo *funcionário do Estado* que deve prestar contas ao Estado; pois a conclusão que se segue disso é a de que aquilo a que ele se fez obrigado na qualidade do primeiro, está liberado no segundo". — Ora, mas se um Estado (ou seu chefe supremo) permitisse que se tornasse pública essa sua máxima, / cada um dos outros naturalmente ou fugiria dele ou se uniria com os outros para resistir às suas pretensões, o que prova que a política com toda a sua astúcia frustra-se em seu próprio fim sobre essa base (a da publicidade); por conseguinte aquela máxima deve ser injusta.

b) "Se uma potência vizinha, que cresce até uma dimensão temível (*potentia tremenda*), causa preocupação, pode-se admitir que, porque ela *pode*, também vai querer oprimir e isso dá às menos poderosas um direito de um ataque (unido) a ela, mesmo sem uma ofensa prévia?" – Um Estado que quisesse *tornar pública* aqui a sua máxima em sentido afirmativo apenas provocaria o mal ainda mais certa e rapidamente. Pois a potência maior se anteciparia à menor e, no que diz respeito à união das últimas, trata-se apenas de um junco frágil diante daquele que sabe usar o *divide et impera.* — Essa máxima de prudência política, declarada publicamente, frustra, portanto, necessariamente sua própria intenção e é, consequentemente, injusta.

c) "Se um Estado menor, por sua situação, rompe a coesão de um maior, que contudo precisa do primeiro para sua conservação, este não está justificado em subjugar aquele e anexá-lo?" É fácil de ver que o maior não deve permitir, previamente, se tornar pública tal máxima, pois ou os Estados menores se uniriam o mais cedo possível ou outras potências lutariam por essa presa; por conseguinte essa máxima se faz impraticável por sua publicidade mesma; um sinal de que ela é injusta e pode ser injusta também em grau muito elevado, pois um pequeno objeto de injustiça não impede que a injustiça demonstrada nisso seja muito grande.

3) *No que diz respeito ao direito cosmopolita*, eu o passo aqui em silêncio, uma vez que, devido a sua analogia com o direito das gentes, suas máximas são fáceis de indicar e de avaliar.

\* \* \*

Ora, sem dúvida, se tem aqui no princípio da incompatibilidade das máximas do direito das gentes com a publicidade, uma boa indicação da *não concordância* [*Nichtübereinstimmung*] da política com a moral (como doutrina do direito). Mas agora é preciso saber também qual é, pois, a condição sob a qual suas máximas concordam com o direito das gentes. Pois não é possível concluir inversamente que as máximas que / suportam a publicidade são também por isso justas, porque aquele que possui o poder supremo de decisão não precisa manter oculta as suas máximas. — A condição de possibilidade de um direito das gentes em geral é que, em primeiro lugar, exista um *estado jurídico*. Pois sem este não há direito público, mas todo direito que se pode pensar fora dele (no estado de natureza) é meramente direito privado. Ora, vimos acima que uma condição federativa de Estados, que tem meramente como intenção evitar a guerra, é o único estado *jurídico* compatível com a *liberdade* dos Estados. Portanto a concordância da política com a moral é possível em uma associação federativa (que, portanto, é dada *a priori* e é

8:385

necessária segundo princípios do direito) e toda prudência política tem por base jurídica o estabelecimento dessa federação em sua maior extensão possível, fim sem o qual toda a sua sutileza é ignorância e injustiça velada. — Ora, essa pseudopolítica tem a sua *casuística*, a despeito da melhor escola jesuítica – a *reservatio* mentalis: na elaboração de contratos públicos com expressões tais que possam ser interpretadas oportunamente, como se quiser, de acordo com o próprio interesse (p. ex., a distinção do *status quo de fait* e de *droit*); – o *probabilismo*: atribuir sutilmente más intenções aos outros ou fazer da probabilidade de uma possível preponderância [*Übergewichts*] sua um motivo jurídico para minar outros Estados pacíficos; – finalmente, o *peccatum philosophicum* (*peccatillum, bagatelle*): considerar a deglutição de um pequeno Estado como uma bagatela facilmente perdoável, se dessa forma um Estado muito maior ganha em vista de um suposto mundo melhor*.

    O impulso para isso é dado pela duplicidade da política em relação à moral em usar de um ou de outro ramo dessa última para seu propósito. — Ambos, o amor aos seres humanos e o respeito pelo direito, são deveres; mas aquele apenas um dever *condicionado*, enquanto este um dever *incondicionado*, ordenando absolutamente, do qual aquele que quer se entregar ao doce sentimento da beneficência deve se assegurar completamente de não o ter, primeiro, transgredido. / A política concorda facilmente com a moral no primeiro sentido (como ética), em entregar o direito dos seres humanos aos seus superiores; mas

---

* Exemplos de tais máximas podem ser encontradas no tratado do Sr. conselheiro Garve[73] *Sobre a ligação da moral com a política* de 1788. Esse estimado erudito confessa, logo de início, que não pode dar uma resposta satisfatória para esta questão. Mas dizer que tal ligação é boa, mesmo confessando que as objeções levantadas contra ela não podem ser completamente dirimidas, parece ser, contudo, uma condescendência maior do que poderia ser aconselhável admitir para com aqueles que estão inclinados a fazer um mau uso delas.

73. Christian Garve (1742-1798), tradutor e filósofo popular alemão do iluminismo tardio. Foi bastante influenciado pelo iluminismo britânico. Kant o critica aqui porque logo na seção inicial de seu tratado *Sobre a ligação da moral com a política*, Garve afirma que uma resposta satisfatória para a questão está além de seu escopo. Como se sabe, Kant também vai criticar a filosofia moral de Garve e sua concepção de que a felicidade é um motivo para a ação na primeira seção de seu opúsculo de 1793 intitulado *Sobre a expressão corrente*: *"isso pode ser correto na teoria, mas nada vale na prática"*.

em relação à moral no segundo sentido (como doutrina do direito), diante da qual ela deveria dobrar seus joelhos, a política acha aconselhável não se envolver, em absoluto, em um pacto, preferindo negar-lhe toda realidade e interpretar todos os deveres como mera benevolência; perfídia de uma política lucífuga que seria, contudo, facilmente frustrada pela filosofia mediante a publicidade de suas máximas, se a política apenas ousasse a conceder ao filósofo a publicidade das suas.

Nesse sentido, sugiro outro princípio transcendental e afirmativo do direito público, cuja fórmula seria essa:

> Todas as máximas que *precisam* de publicidade (para não falhar em seu fim) concordam com o direito e a política unidos.

Pois se elas podem alcançar seu fim tão somente pela publicidade, devem estar em conformidade com o fim universal do público (a felicidade), fim com o qual é a tarefa própria da política estar de acordo (tornar o público satisfeito com sua condição). Mas se esse fim deve ser alcançável apenas pela publicidade, isto é, pelo afastamento de toda desconfiança contra as máximas da política, então estas também devem estar em concordância com o direito do público [*Recht des Publicums*], pois apenas no direito é possível a união dos fins de todos. — A subsequente exposição e elucidação desse princípio, terei de expor em outra ocasião: que se trata apenas de uma fórmula transcendental é de se ver a partir do afastamento de todas as condições empíricas (da doutrina da felicidade), como matéria da lei, e a partir da mera consideração da forma da legalidade universal.

\* \* \*

Se há um dever, e, ao mesmo tempo, uma esperança fundada aí, de tornar real um Estado de direito público, mesmo que apenas em uma aproximação progressiva ao infinito, então a *paz perpétua* que segue aos até então falsamente chamados tratados de paz (na verdade, armistícios), não é uma ideia vazia, mas uma tarefa que, resolvendo-se pouco a pouco, aproxima-se constantemente de sua meta (porque é de se esperar que os tempos em que acontecem iguais progressos se tornem cada vez mais curtos).

## GLOSSÁRIOS

### Alemão-português

*Abhängigkeit:* dependência
*Abschaffung:* supressão
*Absicht:* intenção, propósito
*Angriff:* ataque
*Anlage:* predisposição
*Aufgabe:* tarefa, problema
*Aufruhr:* rebelião
*Ausbruch:* irrupção, erupção
*Ausführende gewalt:* poder executivo
*ausmachen:* constituir
*Ausrottungskrieg:* guerra de extermínio

*erkennen:* reconhecer
*Erlaubnissgesetze:* leis permissivas
*Ewig:* perpétuo, eterno

*Feindseligkeiten:* hostilidades
*Fortschritt:* progresso
*Freiheit:* liberdade
*Frieden:* paz
*Friedensbund:* liga de paz
*Friedensschluss:* tratado de paz
*Friedenszustand:* estado de paz

*Bedingung:* condição
*Bedrohung:* ameaça
*Befugniss:* autorização
*Begriff:* conceito
*behandeln:* tratar
*Beherrschung:* soberania, domínio
*benutzen:* usar
*beschliessen:* decidir
*Besitzstand:* estado de posse
*Bestrafungskrieg:* guerra punitiva
*betrachten:* considerar
*beurteilen:* avaliar, julgar
*Bewegungsgrund:* motivo
*bilden:* formar
*Blendwerk:* desilusão
*Bösartigkeit:* malignidade, maldade
*Böse:* mal, mal moral

*Gebot:* mandamento
*Gebrauch:* uso
*Geheimniss:* segredo
*Gelegenheit:* oportunidade
*Gemeinschaft:* comunidade
*Gerechtigkeit:* justiça
*Gerichtshof:* tribunal
*Geschicklichkeit:* habilidade, destreza
*Geschlecht:* gênero
*Gesellschaft:* sociedade
*Gesetz:* lei
*Gesetzgebende gewalt:* poder legislativo
*Gesetzgebung:* legislação
*Gesinnung:* disposição
*Gleichheit:* igualdade
*Glückseligkeitslehre:* doutrina da felicidade
*Grundsatz:* princípio

*Endzweck:* fim término
*enthalten:* conter, incluir
*Erfahrung:* experiência
*erfordern:* exigir

*Heer(e):* exército; exércitos
*hinführen:* conduzir, levar
*Hoffnung:* esperança

*kennen:* conhecer
*Klugheitslehre:* doutrina da prudência

*leisten:* prestar

*Menschheit:* humanidade
*Misshelligkeit:* discórdia, discordância

*Naturzustand:* estado de natureza
*Neigung:* inclinação
*nötigen:* necessitar, coagir
*Nötigung:* necessitação, coerção

*Oberhaupt:* chefe supremo
*Obrigkeit:* autoridade

*Pflicht:* dever

*Recht:* direito
*Rechtmässigkeit:* legalidade
*Regent:* soberano
*Regierung:* governo
*Richter:* juiz

*sichern:* assegurar
*Sollen:* dever
*Staat:* estado
*Staatsbürger:* cidadão
*Staatsbürgerrecht:* direito civil do estado
*Staatsklugheit:* prudência do estado ou prudência política
*Streit:* conflito, luta, disputa
*suchen:* procurar

*treten:* entrar
*Triebfeder:* móbil

*Übel:* mal, mal físico, males
*Unabhängigkeit:* independência

*Unterlassung:* deixar de fazer, omissão
*Untertanen:* súditos
*unterwerfen:* submeter, subjugar
*Ursache:* causa

*Verbindlichkeit:* obrigação
*Verbot:* proibição
*Verbotgesetze:* leis proibitivas
*Vereinigung:* união
*Verfassung:* constituição
*Verhalten:* conduta, comportamento
*Verhältniss:* relação
*Verletzung:* violação
*Vernunft:* razão
*vernünfteln:* sutilizar, argumentar
*Vertrag:* contrato
*Volk:* povo
*Völkerrecht:* direito das gentes
*Vorsatz:* intenção, propósito
*vorschreiben:* prescrever
*Vorsehung:* providência
*vorstellen:* representar, imaginar, apresentar

*Waffenstillstand:* armistício
*Weltbürgerrecht:* direito cosmopolita
*Weltrepublik:* república mundial
*widersprechen:* contradizer
*Widerspruch:* contradição
*Wille:* vontade
*Wirtbarkeit:* hospitalidade
*wollen:* querer

*Zukunft:* futuro
*Zwang:* coerção
*Zwangsgesetzen:* leis coercitivas
*Zweck:* fim
*Zweckmässigkeit:* conformidade a fins

## Português-alemão

*ameaça*: Bedrohung
*apresentar*: vorstellen
*argumentar*: vernünfteln
*armistício*: Waffenstillstand
*assegurar*: sichern
*ataque*: Angriff
*autoridade*: Obrigkeit
*autorização*: Befugniss
*avaliar*: beurteilen

*causa*: Ursache
*chefe supremo*: Oberhaupt
*cidadão*: Staatsbürger
*coagir*: nötigen
*coerção*: Nötigung
*coerção*: Zwang
*comportamento*: Verhalten
*comunidade*: Gemeinschaft
*conceito*: Begriff
*condição*: Bedingung
*conduta*: Verhalten
*conduzir*: hinführen
*conflito*: Streit
*conformidade a fins*: Zweckmässigkeit
*conhecer*: kennen
*considerar*: betrachten
*constituição*: Verfassung
*constituir*: ausmachen
*conter*: enthalten
*contradição*: Widerspruch
*contradizer*: widersprechen
*contrato*: Vertrag

*decidir*: beschliessen
*deixar de fazer*: Unterlassung
*dependência*: Abhängigkeit

*destreza*: Geschicklichkeit
*dever*: Pflicht
*dever*: Sollen
*direito civil do estado*: Staatsbürgerrecht
*direito cosmopolita*: Weltbürgerrecht
*direito das gentes*: Völkerrecht
*direito*: Recht
*discordância*: Misshelligkeit
*discórdia*: Misshelligkeit
*disposição*: Gesinnung
*disputa*: Streit
*domínio*: Beherrschung
*doutrina da felicidade*: Glückseligkeitslehre
*doutrina da prudência*: Klugheitslehre

*entrar*: treten
*erupção*: Ausbruch
*esperança*: Hoffnung
*estado de natureza*: Naturzustand
*estado de paz*: Friedenszustand
*estado de posse*: Besitzstand
*estado*: Staat
*eterno*: Ewig
*exército(s)*: Heer(e)
*exigir*: erfordern
*experiência*: Erfahrung

*fim término*: Endzweck
*fim*: Zweck
*formar*: bilden
*futuro*: Zukunft

*gênero*: Geschlecht
*governo*: Regierung
*guerra de extermínio*: Ausrottungskrieg
*guerra punitiva*: Bestrafungskrieg

*habilidade*: Geschicklichkeit
*hospitalidade*: Wirtbarkeit
*hostilidades*: Feindseligkeiten
*humanidade*: Menschheit

*igualdade*: Gleichheit
*ilusão*: Blendwerk
*imaginar*: vorstellen
*inclinação*: Neigung
*incluir*: enthalten
*independência*: Unabhängigkeit
*intenção*: Absicht
*intenção*: Vorsatz
*irrupção*: Ausbruch

*juiz*: Richter
*julgar*: beurteilen
*justiça*: Gerechtigkeit

*legalidade*: Rechtmässigkeit
*legislação*: Gesetzgebung
*lei*: Gesetz
*leis coercitivas*: Zwangsgesetzen
*leis permissivas*: Erlaubnissgesetze
*leis proibitivas*: Verbotgesetze
*levar*: hinführen
*liberdade*: Freiheit
*liga de paz*: Friedensbund
*luta*: Streit

*mal físico*: Übel
*mal moral*: Böse
*mal*: Böse
*mal*: Übel
*maldade*: Bösartigkeit
*males*: Übel
*malignidade*: Bösartigkeit
*mandamento*: Gebot
*móbil*: Triebfeder
*motivo*: Bewegungsgrund

*necessitação*: Nötigung
*necessitar*: nötigen

*obrigação*: Verbindlichkeit
*omissão*: Unterlassung
*oportunidade*: Gelegenheit

*paz*: Frieden
*perpétuo*: Ewig
*poder executivo*: Ausführende gewalt
*poder legislativo*: Gesetzgebende gewalt
*povo*: Volk
*prescrever*: vorschreiben
*prestar*: leisten
*princípio*: Grundsatz
*problema*: Aufgabe
*procurar*: suchen
*progresso*: Fortschritt
*proibição*: Verbot
*propósito*: Absicht
*propósito*: Vorsatz
*providência*: Vorsehung
*prudência do estado*: Staatsklugheit
*prudência política*: Staatsklugheit

*querer*: wollen

*razão*: Vernunft
*rebelião*: Aufruhr
*reconhecer*: erkennen
*relação*: Verhältniss
*representar*: vorstellen
*república mundial*: Weltrepublik

*segredo*: Geheimniss
*soberania*: Beherrschung
*soberano*: Regent
*sociedade*: Gesellschaft
*subjulgar*: unterwerfen
*submeter*: unterwerfen

*súditos*: Untertanen
*supressão*: Abschaffung
*sutilizar*: vernünfteln

*tarefa*: Aufgabe
*tratado de paz*: Friedensschluss
*tratar*: behandeln
*tribunal*: Gerichtshof

*união*: Vereinigung
*usar*: benutzen
*uso*: Gebrauch

*violação*: Verletzung
*vontade*: Wille

# Confira outros títulos da coleção em
livrariavozes.com.br/colecoes/pensamento-humano
## ou pelo Qr Code

Conecte-se conosco:

**f** facebook.com/editoravozes

**◎** @editoravozes

**𝕏** @editora_vozes

**▶** youtube.com/editoravozes

**◯** +55 24 2233-9033

www.vozes.com.br

Conheça nossas lojas:
www.livrariavozes.com.br

Belo Horizonte – Brasília – Campinas – Cuiabá – Curitiba
Fortaleza – Juiz de Fora – Petrópolis – Recife – São Paulo

**EDITORA VOZES LTDA.**
Rua Frei Luís, 100 – Centro – Cep 25689-900 – Petrópolis, RJ
Tel.: (24) 2233-9000 – E-mail: vendas@vozes.com.br